T0374783

Slow Urban Planning

jovis

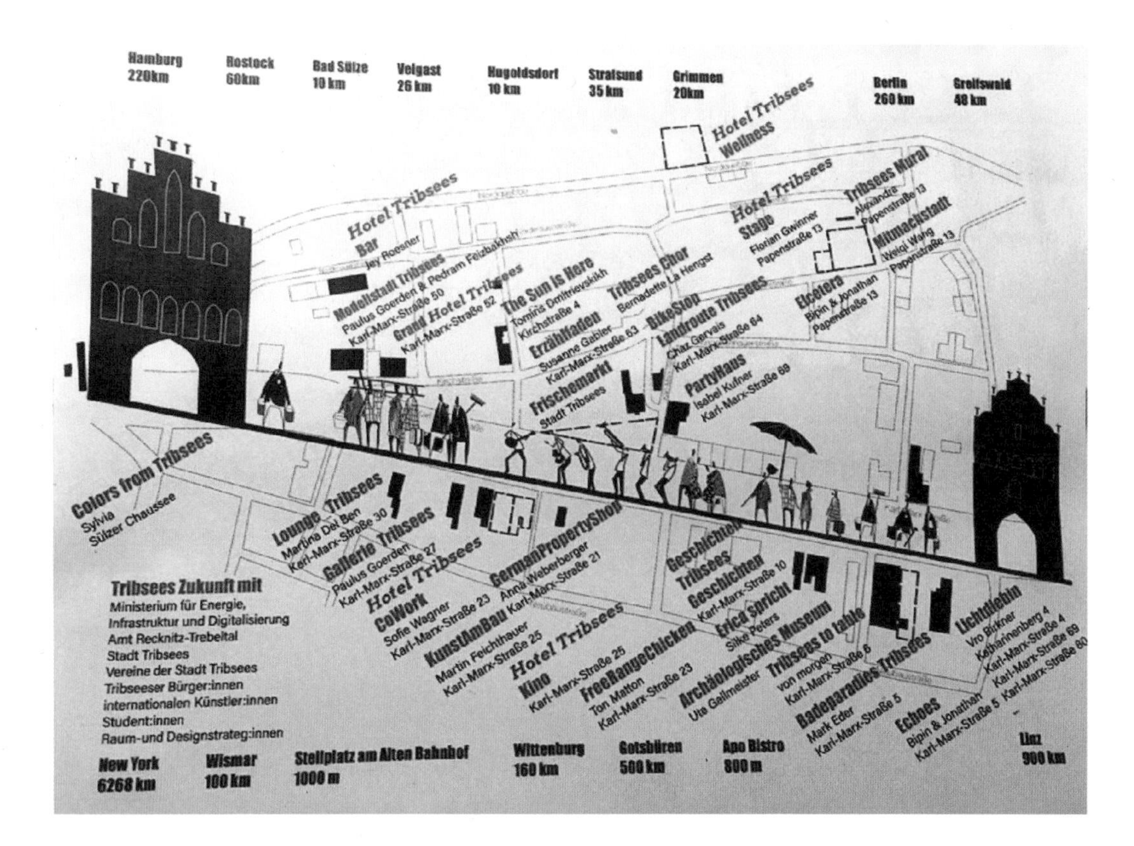
Hamburg 220km
Rostock 60km
Bad Sülze 10 km
Velgast 26 km
Hugoldsdorf 10 km
Stralsund 35 km
Grimmen 20km
Berlin 260 km
Greifswald 48 km
Hotel Tribsees Wellness
Hotel Tribsees Bar
Jey Roesner
Modellstadt Tribsees
Paulus Goerden & Pedram Feizbakhsh
Karl-Marx-Straße 50
Grand Hotel Tribsees
Karl-Marx-Straße 52
The Sun is Here
Tomiris Dmitrievskikh
Kirchstraße 4
Erzählfaden
Susanne Gabler
Karl-Marx-Straße 63
Tribsees Chor
Bernadette La Hengst
BikeStop
Landroute Tribsees
Chaz Gervais
Karl-Marx-Straße 64
Frischemarkt
Stadt Tribsees
PartyHaus
Isabel Kufner
Karl-Marx-Straße 69
Hotel Tribsees Stage
Florian Gwinner
Papenstraße 13
Tribsees Mural
Alexandra
Papenstraße 13
Mitmachstadt
Weiqi Wang
Papenstraße 13
Etcetera
Bipin & Jonathan
Papenstraße 13
Colors from Tribsees
Sylvia
Sülzer Chaussee
Lounge Tribsees
Martina Del Ben
Karl-Marx-Straße 30
Gallerie Tribsees
Paulus Goerden
Karl-Marx-Straße 27
Hotel Tribsees CoWork
Sofie Wagner
Karl-Marx-Straße 23
GermanPropertyShop
Anna Weberberger
Karl-Marx-Straße 21
KunstAmBau
Martin Feichthauer
Karl-Marx-Straße 25
Hotel Tribsees Kino
Karl-Marx-Straße 25
FreeRangeChicken
Ton Matton
Karl-Marx-Straße 23
Geschichten Tribsees Geschichten
Karl-Marx-Straße 10
Erica spricht
Silke Peters
Archäologisches Museum
Ute Gallmeister
Tribsees to table
von morgen
Karl-Marx-Straße 6
Badeparadies Tribsees
Mark Eder
Karl-Marx-Straße 5
Echoes
Bipin & Jonathan
Karl-Marx-Straße 5
Lichtleben
Vro Birkner
Katharinenberg 4
Karl-Marx-Straße 4
Karl-Marx-Straße 69
Karl-Marx-Straße 80
Tribsees Zukunft mit
Ministerium für Energie,
Infrastruktur und Digitalisierung
Amt Recknitz-Trebeltal
Stadt Tribsees
Vereine der Stadt Tribsees
Tribseeser Bürger:innen
internationalen Künstler:innen
Student:innen
Raum-und Designstrateg:innen
New York 6268 km
Wismar 100 km
Stellplatz am Alten Bahnhof 1000 m
Wittenburg 160 km
Gotsbüren 500 km
Apo Bistro 800 m
Linz 900 km

Tribsees' Zukunft machen

Slow Urban Planning

Ton Matton

jovis

Inhalt

Posts der erfolgreichen Influencerin L.

Unbändig **Christian Pegel**

Liebe Tribseeser*innen, liebe Besucher*innen und Freund*innen der Trebel-Stadt, liebe Leser*innen, „Tribsees' Zukunft machen" – nichts Geringeres hatten die Studierenden um Professor Ton Matton sich vorgenommen, als sie im Herbst 2020 für ein Semesterprojekt aus dem österreichischen Linz zu uns nach Vorpommern kamen. Ergänzt durch ein Team von lokalen Künstler*innen war der Anspruch groß; die Ideen reichten von witzig bis skurril und die Lust, etwas Neues zu wagen, war unbändig. Ich erinnere mich gern an meine Besuche in Tribsees und die erfrischenden Gespräche: Ob es um Lichtinstallationen, musikalische Entwürfe, Fotoarbeiten oder gastronomische Einfälle ging – immer war der Wunsch dahinter zu spüren, einer Kommune mit findigen Ideen zu zusätzlichem Selbstbewusstsein zu verhelfen. Denn die jungen Leute, die angetreten waren, Tribsees zu neuen und zuweilen auch etwas anderen Lebensimpulsen zu verhelfen, sind weder Kunststudent*innen noch Stadtplaner*innen. Im Studiengang space&design strategies setzen sie sich mit Möglichkeiten auseinander, ländliche Räume zu entwickeln. Mich hat fasziniert, wie unkonventionell sie an die Dinge herangingen. Was wir oft als Probleme wahrnehmen – leer stehende Häuser, lückenhafte Infrastruktur, Wegzug von jungen Leuten –, waren für sie schlicht Chancen.

Ostmauerstraße

Es hat mich sehr gefreut zu sehen, wie begeisterungsfähig wir in Vorpommern sein können. Wie die eigene Stadt mithilfe der Kreativität von „Fremden“ in neuem Licht betrachtet, verborgene Energien und Talente aufgestöbert und gebündelt wurden. Ob es Künstler*innen aus der Region waren, Kindergruppen oder Vereine, die zusammen etwas auf die Beine stellten – es kam immer eine neue Perspektive auf etwas bereits Vorhandenes heraus.
Die Landesregierung hat dieses Projekt sehr gern unterstützt. Als Innen- und Kommunalminister, zugleich Dienstherr der Kommunalaufsicht, kann ich mir kaum Besseres vorstellen als solche kreativen Prozesse, die engagierte Menschen vor Ort zusammenbringen mit dem Ziel, ihre Stadt oder ihr Dorf attraktiver zu machen. Was nicht nur ihren Besucher*innen, sondern zuallererst ihnen selbst zugutekommt – denjenigen, die dort ihre Heimat haben. Ich bin sicher, dass das Ende dieses einjährigen Projekts nicht das Ende der Beschäftigung mit den Projektinhalten ist. Ich hoffe, dass sowohl die Künstler*innen als auch die jungen Österreicher*innen in ihrem Studium profitieren konnten von ihren Erfahrungen, wie eine kleine norddeutsche Kommune tickt. Ebenso wünsche ich mir, dass sich die Tribseeser*innen den Elan dieses Jahres und die ungewöhnlichen Herangehensweisen an Stadtentwicklungsaufgaben erhalten und im Sinne des Projekttitels fortsetzen.

Herzlichst
Ihr Christian Pegel

Minister für Inneres, Bau und Digitalisierung des Landes Mecklenburg-Vorpommern

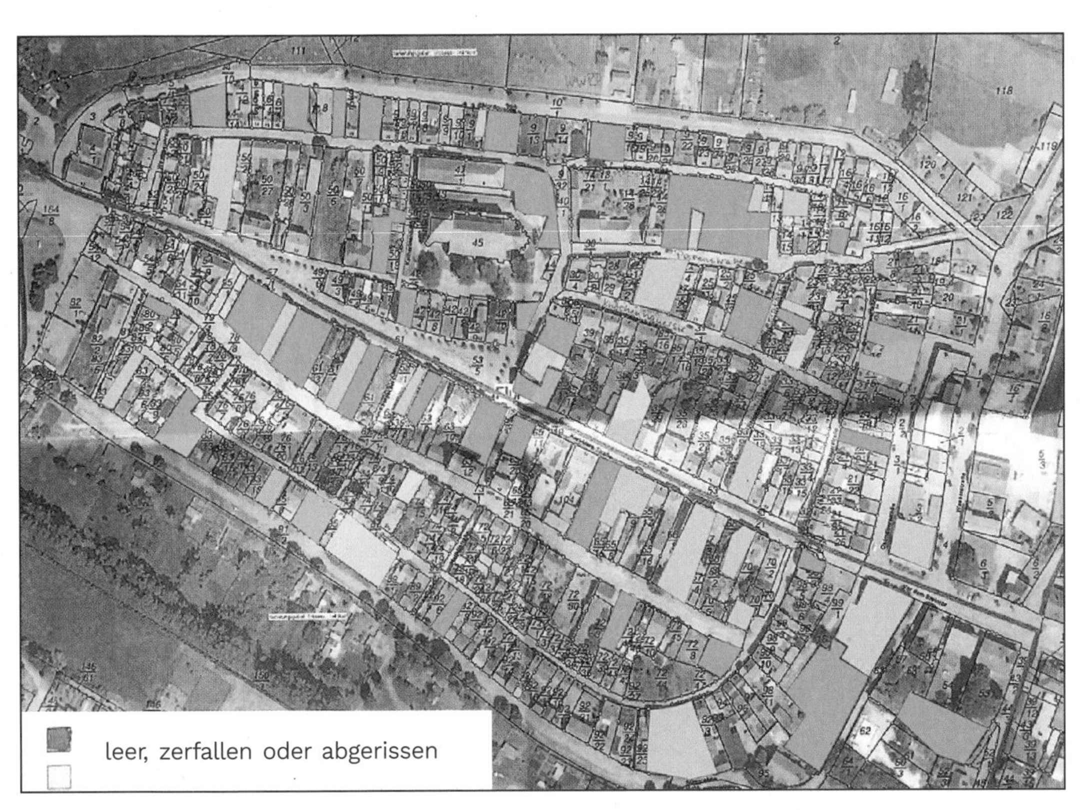
leer, zerfallen oder abgerissen

Karl-Marx-Straße

Zukunft sehen Ton Matton & Sofie Wagner

Beim ersten Treffen erläuterten wir unser Vorhaben, die leer stehenden Häuser besetzen und bespielen zu wollen. Zusammen mit Künstler*innen und Student*innen wollten wir vor Ort die Einwohner*innen involvieren und inspirieren, die Zukunft von Tribsees selbst in die Hand zu nehmen! Es gab hausgemachte Kürbissuppe und Brot, anschließend einen Rundgang entlang der über 70 leer stehenden Häuser. Dabei kamen viele Ideen auf: Tribsees als Seniorenstadt, als energieneutrale Stadt, als Handwerkerstadt, als Freilandhühnerstadt, als klimaresistente Stadt, als die erste Stadt, die von Elon

Musk auf den Mond geschickt wird, und einiges mehr. Viele Ideen hatten eine gewisse Romantik gemeinsam, eine Sehnsucht nach der Rustikalität der Vergangenheit, in der sich das Leben noch einen Tick langsamer abspielte – und dennoch im Bewusstsein zukünftiger Entwicklungen. So fiel dann am Abend auch der alte Spruch „In Mecklenburg-Vorpommern geschieht alles 50 Jahre später“. Tribsees möchte also, so dachte ich mir, eine träge Stadtplanung.

Karl-Marx-Straße

Tango tanzen **Ute Gallmeister & Tanja Blankenburg**

Stundenlang spielten die Musiker*innen von Muzet Royal ihre Tangomusik vor dem ehemaligen Kaufhaus. Mehrere Tangovereine aus Schwerin und Greifswald nutzten das Ambiente, um ihre Tangotänze zu zeigen, und auch einige Tribseeser Bürger*innen tanzten im märchenhaften Sonnenuntergang.

Bananenbaum

15.08.2051 Post der erfolgreichen Influencerin L.

273K 21.575 521.312

..., in dem ein pensionierter Bürgermeister, wir nennen ihn mal BZ, erzählt, wie vor 25 Jahren die revolutionäre träge Stadtplanung zustande gekommen ist.

Wir sehen BZ in einem einfachen Häuschen an der Tribseeser Ostmauerstraße stehend, im Hintergrund eine Plantage mit Bananenbäumen, darüber fliegen Halsbandsittiche.

BZ: Wir waren damals auf der Suche nach möglichen Zukunftsszenarien für Tribsees. Da kam diese Gruppe Künstler*innen und Student*innen, die die leeren Häuser der Stadt bespielen wollten. Ziemlich verrückt, um ehrlich zu sein. Aber genau das brauchte Tribsees, um aus der Sackgasse, in der sich die Stadt befand, herauszukommen. Ein performativer Urbanismus, der mittels eines improvisierten Stadtlebens die Grenzen des Möglichkeitssinns ergründete, um so innovative räumliche Lösungen zu ergründen.
L: Innovative räumliche Lösungen?
BZ: Ja, also Ideen, die nicht herkömmlich oder naheliegend sind. Wir Politiker*innen hatten festgestellt, dass die Entwicklungen der vergangenen Jahrzehnte nicht dazu geführt hatten, dass Tribsees – und das galt auch für viele andere Kleinstädte in Mecklenburg-Vorpommern – sich gut entwickelten. Die ganzen Investitionen in neue Straßen und neue Kanalisation reichten scheinbar

nicht aus. Es gab weiterhin viel Leerstand, zu wenig Menschen, die zuzogen. All die zerfallenen Häuser im Stadtzentrum ... Es ging immer weiter bergab. Mit diesem Projekt wollten die Künstler*innen die negativ geprägte Geschichte überspielen und mit positiven Ansätzen ersetzen. Wenn dann jemand daran interessiert war, nach Tribsees zu ziehen, könnte man von positiven Erlebnissen berichten – „Hier haben wir letzte Woche gemeinsam gebügelt, dort haben wir auf der Straße Tango getanzt ...“ –, anstatt immer die negativen Leerstands-Erzählungen zu wiederholen. Es war ein spannender und mutiger Prozess für alle Beteiligten, sowohl für den Minister als auch für uns aus der Stadtverwaltung, für die Vereine, die Einwohner*innen und natürlich für die beteiligten Künstler*innen und Student*innen. Und ich muss sagen, es hat sich gelohnt, die zweifellos geschundene Stadt hat neue Ideen und damit auch ein Stück neuer Zukunft bekommen. Es gab immer mehr Eigentümer*innen, die etwas gegen den Leerstand tun wollten, und generell kam mehr Verantwortungsgefühl für die eigene Stadt bei den Einwohner*innen auf. Einerseits, weil sie sich durch die verrückten künstlerischen Aktionen ein wenig selbstbewusster fühlten – die Student*innen und Künstler*innen waren aufrichtig neugierig und kamen nicht mit herablassenden Großstadtideen an. Andererseits auch deshalb, weil nach und nach immer mehr junge Familien nach Tribsees zurückzogen, die ihre Großstadterfahrungen gemacht hatten und sich bewusst für das Leben auf dem Land entschieden. Dies verstärkte das Bewusstsein, das jede Person selbst etwas für die eigene Stadt unternehmen kann und muss, um eine Veränderung herbeizuführen.

Karl-Marx-Straße

Camping Tribsees Motorsportverein

Anders, als der Name vermuten lässt, hat der Motorsportverein nichts mit Motorrädern zu tun: In dem Tribseeser Verein verabreden sich rund 100 Mitglieder mit ihren Wohnmobilen europaweit auf verschiedensten Campingplätzen. Diesmal trafen sie sich auf der Karl-Marx-Straße, die sich für einen Tag in einen Campingplatz verwandelte. In sommerlichen Outfits, mit Campingtischen und -stühlen vollgepackt, mit reichlich Kaffee und selbst gebackenem Kuchen und sogar einigen Wohnmobilen begegneten sich die Mitglieder nach 2 Jahren Coronapause wieder. Selbstverständlich wurden auch die nötigen Schnapsflaschen eingesteckt. Und sobald das NDR-Fernsehteam auftauchte, wurde gemeinsam ein Lied angestimmt: Eben so, wie das romantische Leben auf dem Land sein soll!

Systemfehler

„Mach keine kleinen Pläne. Sie haben nicht die Magie, die es braucht, um das Blut der Menschen in Wallung zu bringen, und werden deswegen wahrscheinlich nicht realisiert. Mach große Pläne."[1]

Mit diesem bekannten Zitat von Daniel Burnham beginnt dieser Text, denn Tribsees hat ein Potenzial, das es verdient. Die pommersche Kleinstadt an der Trebel hat eine seit Jahrhunderten fast vollständig erhaltene Innenstadtstruktur: von einer Stadtmauer und einem Wall umringt, mit zwei schönen Türmen an jeder Seite der 400 Meter langen Karl-Marx-Straße und einem sagenumwobenen Ensemble an Straßen, Gassen und Quebben, gespickt mit fabelhafter Architektur. Leider stehen ungefähr 30 Prozent der Gebäude leer. Von rund 250 Häusern in der Innenstadt sind über 70 marode, zerfallen, teilweise bereits abgerissen, entsorgt. Da muss man sich doch fragen: Wie kann es sein, dass eine Stadt, in die nach der Wende aus den Städtebaufonds[2] investiert wurde, so heruntergekommen ist? Ist das bloß Zufall und Pech? Hat die Politik versagt? Hat die Stadt die falsche geografische Lage? Handelt es sich um einen kapitalistischen Systemfehler?

Fakt ist, der Leerstand ist ein großes Problem. Nun kann man sich davon entmutigen lassen, wenn man damit jeden Tag konfrontiert wird. Aber zugleich ist auch eine Riesenchance in der heutigen Zeit spürbar, wenn Platzmangel in den großen Städten zu teuren Mieten und zu (für viele) unbezahlbaren Wohnungspreisen führt. Bauministerin Klara Geywitz erklärte in einem Interview im *Spiegel*,[3] dass sie Anreize schaffen möchte, damit mehr junge Familien alte Häuser erwerben und diese renovieren. Ein steigendes Bedürfnis nach einem Leben auf dem Land, in Dörfern und Kleinstädten ist spürbar, und auch in Tribsees wächst das Interesse an den leeren Flächen. Allerdings führt das in diesen neoliberalen Zeiten zum nächsten Problem, dem der Gentrifizierung: Investieren um des Investierens willen. Schnelles Geld findet immer seinen Weg und wird investiert – nicht um die Stadt zu neuem Leben zu erwecken, sondern um Gewinn zu machen. Ob als sichere Kapitalanlage oder um Tourist*innen zu beherbergen, in beiden Fällen haben Stadt und Einwohner*innen mit Ausnahme von ein paar renovierten Fassaden eher wenig davon, kaum Steuereinnahmen, kaum neue

1 „Make no little plans. They have no magic to stir men's blood and probably will not themselves be realized. Make big plans […]." Daniel Burnham, Edward H. Bennett: Plan of Chicago, Chicago: The Commercial Club, 1909.
2 Nachzulesen unter www.staedtebaufoerderung.info/ (letzter Aufruf 17.2.2023).

3 Auch im Städtebau geht es wieder um Resilienz: Interview von Sebastian Fischer, Henning Jauernig und Christian Teevs mit Klara Geywitz: „Bauministerin Geywitz über Sanierungspflicht von Immobilien. ‚Es wird nicht ohne Ordnungsrecht gehen, wenn wir die Klimaziele erreichen wollen'" (2022), in: Der Spiegel, Nr. 13, S. 30–33.

Nachbar*innen, die sich am sozialen Leben beteiligen.

Verwaistes Haus

Tribsees engagierter Stadtverwaltung ist dieses Problem bewusst, und sie versucht, unterstützt vom Bauministerium, diese Entwicklung in eine andere Richtung zu lenken, die Kleinstadt sozial wiederzubeleben. Keine leichte Aufgabe bei so viel Leerstand und ungeklärten oder komplizierten Eigentumsverhältnissen. Schier unmöglich, die Erbengemeinschaft mit 23 Enkelkindern an einen Tisch zu bekommen, unbekannte Eigentümer*innen im Ausland ausfindig zu machen, für ein verwaistes Haus die Eigentumsrechte zu klären oder Besitzer*innen davon zu überzeugen, ihr kaputtes Haus zu renovieren, anstatt es – in der Hoffnung auf einen noch besseren Verkaufspreis – herumstehen zu lassen. Dass die Bank sich an einer Renovierung nicht beteiligt, ist klar. Ihr Ziel ist es schließlich, möglichst risikolos Gewinne zu erzeugen – eine Kleinstadt mit 70 kaputten Häusern ist da nicht gerade ideal. Immerhin hat sich der am Anfang oft gehörte Satz „Der Bürgermeister macht nichts für unsere kaputte Stadt" inzwischen gewandelt: „Der Bürgermeister kann gar nicht so viel für unsere kaputte Stadt machen." Schon diese Änderung des Blickwinkels bringt ein wenig mehr Respekt mit sich und kann ein Gemeinschaftsgefühlt, eine gemeinsame Energie erzeugen, die dazu führt, dass die Stadtverwaltung sich noch engagierter mit der Gestaltung der Zukunft der Stadt beschäftigt.

Hausbesetzung

Um diese Kleinstadt und die Prozesse, die sich dort abspielen, besser zu begreifen, sind wir, eine Handvoll Künstler*innen und Student*innen, nach Tribsees gezogen. Wir haben einen heruntergekommenen Fischladen besetzt und darin ein Büro mit Co-Working- und Co-Living-Spaces eingerichtet. Von dort aus haben wir die Menschen aus Tribsees kennengelernt. Schritt für Schritt nahmen wir immer mehr Platz ein, besetzten und bespielten leer stehende Häuser und Bruchbuden und lernten noch mehr Menschen kennen. Als wir vor 15 Jahren in Wittenburg einen sehr ähnlichen Vorschlag machten, bei dem leere Häuser besetzt werden sollten, um diese gemeinsam mit der Bevölkerung wiederzubeleben, wurde dies vonseiten des Wirtschaftsministeriums nicht gerade begrüßt. Das habe mit Stadtplanung ja gar nichts zu tun, so die Reaktion auf meinen Vorschlag. Nachdem ich erklärt hatte, dass ich als Professor genau das als Stadtplanung betrachte, bekamen wir immerhin den Auftrag für das, was sich dann zur Großen Potemkinschen Straße in Wittenburg entwickelte.[4]
Bei der Eröffnung der Tribsees Centenniale 2021 fiel die Bewertung unserer Vorgehensweise schon ganz anders aus. Minister Christian Pegel betonte in seiner Rede sogar, es sei eigentlich gar keine schlechte Idee, die (gewissermaßen) verwaisten

4 Mehr zum Projekt unter www.grosse-potemkinsche-strasse.de/ (letzter Aufruf 17.2.2023).

Häuser zu besetzen. Wenn ein*e Eigentümer*in sich auf die Besetzung hin melden würde, könnte endlich ein Gespräch zustande kommen, wenn nicht, könnten die Bewohner*innen sich das Haus aneignen und es nutzen. Man kann dieses Vorgehen verzweifelt nennen. Immerhin ist es an die Erkenntnis geknüpft, dass die bisherige Stadtplanung in Tribsees nicht reibungslos funktioniert. Ich aber neige eher dazu, es als mutig zu betrachten. Mutig, dass das Ministerium, der Minister, sich der Aufgaben, die in den Kleinstädten warten, bewusst ist und auch dessen, dass die Regularien, denen wir bis jetzt folgen, nicht unbedingt zu vorteilhaften Entwicklungen in Kleinstädten wie Tribsees führen; und dass es offenbar notwendig ist, auch andere Strategien zu entwickeln.

Sozial wiederbeleben

Wie können also neue Strategien für die Stadtplanung aussehen? Wichtig ist, dass die Geschichten und Geschehnisse der Vergangenheit nicht vergessen werden, sondern mit neuen Erfahrungen überspielt werden, um neue Möglichkeiten zu eröffnen. Also: Wie sieht das Möglichkeitsmodell für das Leben auf dem Land aus? Wie könnten Kleinstädte und Dörfer sozial wiederbelebt werden? Welche ist eigentlich die Zielgruppe? Welche Strategien, welche Utopien kann man einsetzen?

Eine Erfolgsgarantie konnten wir für Tribsees nicht bieten, das haben wir von Anfang an vermittelt. Aber unsere bereits durchgeführten vergleichbaren Projekte in Wittenburg (2012) und Gottsbüren (2016)[5] haben dafür gesorgt, dass die Gemeinschaft am Ende besser dastand – es entwickelte sich ein vernünftiger Dialog, es entstand mehr gegenseitiger Respekt bei allen Beteiligten. Es wurden sogar einige der leer stehenden und verfallenen Häuser renoviert oder verkauft.
Die Landflucht allerdings lässt sich auch mit solchen Projekten nicht aufhalten. Es entstehen einzelne Erfolgsgeschichten, die das Leben auf dem Land neu in den Fokus rücken und attraktiv erscheinen lassen, sowohl für die Menschen, die schon immer dort wohnten, als auch für die, die eine Sehnsucht nach dem Landleben in sich tragen, sich aber bisher nicht trauten, sich für ein solches Leben zu entscheiden. Wir suchten also nach Möglichkeiten für die Zukunft von Tribsees – und wir machten keine kleinen Pläne.

Tribsees Centenniale

Ab Oktober 2020 setzten wir unsere Projekte in Tribsees um und zeigten sie zum Schluss im Rahmen einer Ausstellung, der Tribsees Centenniale, im Sommer 2021. Aus den gemachten Erfahrungen heraus entstand die Suche nach einem Slow Urban Planning, einer trägen Stadtplanung. Gemeint

5 Mehr zu den Projekten in Ton Matton (Hg.): Dorf machen. Improvisationen zur sozialen Wiederbelebung, Berlin: jovis, 2017.

ist keine lustlose Stadtplanung ohne Schwung. Wir wollten uns die positiven Assoziationen zum Wort träge, die das Kleinstadtleben bei uns hervorgebracht hat, zunutze machen: Entspannung, Gemächlichkeit und Pragmatismus. Und dann braucht es trotzdem noch eine Menge Energie, um abseits des kapitalistischen Konsums und des Komfortmodus zu denken und ein heterotopisches Zukunftsmodel für Tribsees zu entwickeln. Dabei entstanden fiktive Gespräche mit Bürger*innen, Beteiligten oder deren Nachkommen für einen Dokumentarfilm – den wir noch immer drehen möchten. Nicht alle Möglichkeiten, die hier erwähnt werden, sind erwünscht, nicht alle sind wahrscheinlich; sie sind, wie gesagt, fiktiv. Das heißt auch, dass alle Übereinstimmungen mit Personen, die Sie kennen, auf lauter Zufall beruhen.

Karl-Marx-Straße

Regenschirmumfrage MattonOffice

Können mich alle hören? Gut, ich habe einige Fragen. Antwort „ja" heißt Regenschirm aufklappen, „nein" bedeutet Regenschirm zu lassen. Wenn's regnet, dürfen alle Fragen mit „ja" beantwortet werden!
Das Ziel ist, weiterzudenken, über die Selbstverständlichkeiten hinaus, denn die kennen wir ja schon! Selbstverständlich möchten alle ein Restaurant. Wer aber verspricht, in diesem Restaurant auch essen zu gehen? Wer geht auch, wenn es nicht schmeckt? Oder wenn es zu teuer ist? Wer möchte einen Dönerladen – Essen für 3,50 Euro (gibt es doch schon, bei Apo!)? Wer lieber ein Gourmetrestaurant mit Stern – Menü für 35 Euro?

Wer möchte eine Bibliothek? Wer würde dort auch Bücher leihen? Wer mag die Dunkelheit in Tribsees? Wer mag den Mond? Wer war auf dem Mond? Wer würde nach Tribsees als erste Stadt auf dem Mond umsiedeln? Wer mag Eier? Wer hat Hühner? Wem fehlt der Platz für Hühner? Wer meint, ich stelle die falschen Fragen? Wer kann Socken stricken? Wer kann Schuhe reparieren? Wer hat eine Nähmaschine? Wer möchte eine Schusterei? Wer eine Schneiderei? Wer mag das Klima in Tribsees? War es hier mal zugeschneit? Wer mag den Klimawandel? Wer ist Millionär*in oder möchte es sein? Wer meint er*sie sei arm? Wer hat keine Wohnung? Wer hat Hunger? Wer wünscht sich Tribsees als Outletstore? Wer möchte in diesem

Outlet einkaufen, dort arbeiten? Als Managerin? Als Verkäufer? Als Reinigungskraft? Oder als Parkwacht für die 1000 Pkw, die dort vor dem Turm geparkt werden sollen? Wer möchte für diese Arbeiten einen Mindestlohn bekommen? Wer möchte eine Eisdiele in Tribsees? Wer möchte eine Kuh? Wer kann Käse herstellen? Wer kann Eis herstellen? Wer möchte frische Croissants essen? Wer möchte Croissants backen? Wer möchte einen Kaffee? Ich auch, der Förderverein dort hat welchen, bring doch einen für mich mit, mit Milch und ohne Zucker bitte! Wer mag Kuchen? Den gibt es dort auch! Ich denke, es ist klar: Ihr habt viele Wünsche, es braucht allerdings viel Engagement und Lebensenergie, um diese umzusetzen. Also, wer hat Lust, sich einzubringen in die Zukunft von Tribsees? Bitte schreibt eure Ideen und Kontaktdaten auf eine Postkarte, und wir werden auf euch zukommen!

Karl-Marx-Straße 80

Lichtdiebin **Vro Birkner**

Mit ihrer selbstgebauten Camera Obscura fotografierte Vro einige der leer stehenden Gebäude in Tribsees. Die Kamera nimmt dabei den Blick der Gebäude auf den Ort ein.

Karl-Marx-Straße 21

Kaufhaus **morgen.**

Das ehemalige Kaufhaus wurde von der Hamburger Künstlergruppe morgen. bespielt, zusammen mit lokalen Köch*innen und den Filmemacher*innen von Hirn und Wanst. Mit unglaublicher Energie und der Unterstützung vieler Tribseeser*innen wurde das Kaufhaus besetzt, aufgeräumt und mit Bauschrott neu gestaltet. Die wochenlange Arbeit resultierte in drei kulinarischen Events mit einem überregionalen Angebot an Speisen.

TRIBSEES TO TABLE

Karl-Marx-Straße 6
morgen. & Hirn und Wanst
Text: Martha Starke & Marco Antonio Reyes Loredo

Kulinarische Stadtentwicklung oder: Wie kochen wir uns eine neue Stadt?!

Tribsees ist bitterlich kalt im Winter, herzerwärmend schön im Sommer und immer reich an Geschichten und Geschichte. Aber wie schmeckt die Metropole an der Trebel? Und wie ihre Zukunft? Große Fragen. Angefangen haben wir mit ganz kleinen, an Ton Matton:

„Wo können wir hier im Ort mal was essen gehen?"
„Restaurant? Gibt's nicht."
„Café?"
„Gibt's auch nicht."
„Kneipe?"
„Fehlanzeige."

Und da uns auch das örtliche Kartoffelmuseum nicht an den Exponaten knabbern ließ, entstand unser Beitrag zum Gesamtprojekt „Tribsees' Zukunft machen" aus Selbsterfahrung. Nach einer selbstgekochten Mahlzeit in der Teeküche des Heimatvereins reifte in uns der Entschluss, die scheinbaren Defizite der Kleinstadt mit den Schätzen des Landes und dem Können ihrer Bewohnerschaft herauszufordern. Wir wollten ein Kreislaufrestaurant des dritten Jahrtausends kreieren: Auferstanden aus den Ruinen der Stadt und der Zukunft zugewandt – um den Ort, sein Umland und auch entferntere Regionen füreinander zu öffnen und miteinander zu feiern.

Die Ingredienzien dafür: ein leeres Kaufhaus, Menschen voller Fähigkeiten und Wissen und unser aller Hunger auf Geselligkeit, Austausch und richtig gutes Essen. Der Ort dafür war das beste Haus am Platze: Das Konsum Kaufhaus in der Karl-Marx-Straße 6 – ein Bau mit der spürbaren Grandezza aus dem letzten Jahrhundert.

← Einladende Installation im Schaufenster des Kaufhauses von Künstlerin Simone Karl

Tag der Schließung und Besitzer*innen unbekannt. Für uns war sofort klar, hier ist der Flecken, wo alles geht! Zur Mithilfe baten wir die Brigade der Trebel-Pötterie, die örtliche Schule und eigentlich den ganzen Ort. Die Aussicht, wieder ein Restaurant, einen gemeinschaftstiftenden Ort zu erhalten, kam an – in Tribsees, in Hamburg, sogar in Bad Sülze!

Schade nur, dass wir weder die Schlüssel zum Kaufhaus hatten noch eine Küche, Stühle oder Tische. Aber wir hatten eine Idee und den Anspruch, gemeinsam mit den Einwohner*innen einen Raum zu gestalten, der mehr sein kann als nur schön und funktional. Mehr soziale Plastik im Sinne von Beuys, weniger Rach, der Restauranttester. Und gibt es nicht auch lokale Produzent*innen, mit denen wir zusammen den ländlichen Raum in eine essbare Landschaft verwandeln könnten?

Fragen über Fragen. Wie eigentlich immer, wenn sich kochende Künstler*innen und forschende Gestalter*innen an die Arbeit begeben. Die Herausforderung war klar zu benennen. Das Ziel lag irgendwo in der Ferne. Aber wie gelang(t)en wir dahin?

PROVINZ IST EBEN KEINE LANDSCHAFT, PROVINZ IST EIN ZUSTAND DES DENKENS.

01

01 Das beste Haus am Platze: Das ehemalige Konsum-Kaufhaus steht seit Jahrzenten leer. 02 Wie schmeckt die Zukunft an der Trebel? Durch gemeinsames Essen und Trinken aktivieren wir die Flächen vor dem Kaufhaus und kommen mit den Triebseeser*innen ins Gespräch.

02

AUFERSTANDEN AUS DEN RUINEN DER STADT UND DER ZUKUNFT ZUGEWANDT.

Urbane Praxis. Rurale Praxis?

Wir leben und wirken in Hamburg. Eine Kleinstadt wie Tribsees fordert unsere gewohnten Techniken heraus und fordert uns dazu auf, uns selbst zu hinterfragen. Aber, so ehrlich möchten wir sein, wir sind primär sozialisierte Kinder der Kleinstadt oder „vom Dorf". Wir wurden erst in Großstädten und Metropolen akademisch ausgebildet und geprägt. Das Experiment „Tribsees to Table" (T2T) war auch eine Reise in unsere eigene Geschichte.

In einer Epoche der Gleichzeitigkeiten und des Individuellen können wir alles werden, ja sogar schon sein. Und so changieren unsere Rollen von Designer*in und Lehrer*in zu Erfinder*in und Gastgeber*in in Bruchteilen von Augenblicken. Urbane Praxis steht seit einigen Jahren für einen kreativen Freibrief, sich als Akteur*in der unterschiedlichsten Disziplinen zu bedienen und mit ihren jeweiligen Strategien in Städten zu agieren, um sie zu transformieren. Auch wir bedienen uns dieser Terminologie nur allzu gern. Aber wie begründen und erklären wir unser Tun nun hier, im ländlichen Raum? Gibt es gar eine genuin „rurale Praxis"? Und wenn ja, was zeichnet diese aus? Diese Fragen möchten wir im Folgenden klären und ausgewählte Ansätze, Formate und Programmatiken unsererseits illustrieren.

Das Gold von Tribsees

Tribsees kann töpfern – das wurde uns bereits beim ersten öffentlichen Spaziergang 2020 klar. Die sympathische Seniorin Hilde Zinke formt in ihrer freien Zeit in der gemeinnützigen Trebel-Pötterie Tassen, Blaufrösche und was Tribseeser*innen von Welt sonst noch so brauchen. Sie überzeugte uns sogleich, dass es ihr weder an Visionen noch an Engagement mangelt. Vereine wie die Trebel-Pötterie bilden das Rückgrat der ländlichen Zivilgesellschaft. In Kleinstädten sind die Vereinszugehörigkeiten von Bewohner*innen im Durchschnitt doppelt so hoch wie in der Großstadt. Mit einer Komplizin wie Hilde war uns also statistisch ein mehrfacher Zugang ins Feld sicher.

Nach dem Vorbild des Granby-Workshops (London) töpferten wir gemeinsam mit ihr und ihren Vereinskameradinnen aus den Ziegelsteinen zerfallener Häuser Fliesen für das Interieur des Kaufhauses. Denn die Ressource Schutt war häuserweise vorhanden. Und an Potenzial für Teilnehmende mangelte es auch nicht. Da jede Zielgruppe einer speziellen Ansprache bedurfte, ersonnen wir unterschiedliche Aktivierungsmedien, -methoden und Workshopformate. Der gezielte Einsatz der Presse und klassische Postwurfsendungen waren der Schlüssel zum Erfolg bei den Nicht-Organisierten, während die Expertinnen der Pötterie sich untereinander anspornten. Um auch ihnen etwas zurückzugeben, luden wir die Keramikkünstlerin Julia Kaiser (Hamburg) als Unterstützung und Leitung für mehrere Tage ein. So kamen Nachbarschaft, Schüler*innen oder geübte Töpferinnen aus dem Verein gleichermaßen in den Genuss.

An zwei Projekttagen mit den fünften Klassen der Grundschule Recknitz-Trebeltal töpferten wir nicht nur unter dem Motto „Nur Fliesen ist schöner", sondern begaben uns gleichzeitig auf eine Stadtrallye, um mit der nächsten Generation über die Zukunft von Tribsees zu sprechen. Wie stellt sich die Jugend von heute das Restaurant von morgen. vor? Und welches Essen wird da wohl angeboten? Die Visionen und Lieblingsgerichte der Kinder haben wir dann in das finale Kreislaufrestaurant eingewoben.

Auf der Suche nach den verborgenen Potenzialen in scheinbar offensichtlichen Missständen, führte uns die Idee der Fliese ans Ziel. Mit ihr kann jeder auf 15 mal 15 Zentimeter kondensiert das Konzept von T2T mit eigenen Händen begreifen. Der Entstehungsprozess dahinter versinnbildlicht zudem die partizipatorische Methode. Weder konnten wir die Aufgabe alleine stemmen, noch wollten wir sie einzig definieren. Erst im reziproken Aushandeln mit dem Ort, seiner Materialität und den Bewohner*innen erreichten wir die Akzeptanz und Stringenz, die wir uns erhofften und die das Projekt benötigte. Nur wenn wir die Tribseeser*innen in die Lage versetzen, den Prozess transparent und aktiv mitzuverfolgen und zu gestalten, ist die Möglichkeit gegeben, dass etwas bleibt, selbst wenn wir schon lange wieder fort sind.

Vom Kaufhaus zum Gasthaus

Eine andere evidente Ressource in Tribsees ist der Leerstand. Allein im historischen Stadtkern stehen über 70 Gebäude frei von Nutzung, und noch mehr Grundstücke maskieren, als Wiese und Freifläche getarnt, den Niedergang des einst pulsierenden Zentrums. Die Gründe für diesen Zustand sind historisch bedingt, systemimmanent und obendrein noch hausgemacht. Aber was könnten Ansätze sein, um den schleichenden Abstieg aufzuhalten und gar umzukehren? Auch hier gab es nicht die eine Antwort, aber wir wählten einen konkreten Ansatz.

Die Karl-Marx-Straße 6 spiegelte für uns nicht nur die verschiedenen Facetten der vorhandenen Probleme wider, vielmehr schimmerten dort auch Lösungen durch die schlierigen Schaufenster. Neben der wertigen Bausubstanz erkannten wir hier auch das Potenzial für einen Ort mit eingebautem Gemeinsinn. Denn ob Stadt oder Land, gemeinschaftsstiftende Räume sind in unserer Gesellschaft kein selbstverständliches Angebot an die Bewohnerschaft. Normal hingegen scheint, dass Grund und Boden in Wert gesetzt werden sollen, mit dem Ziel, diesen kontinuierlich zu steigern.

Wenn neben aktivistischen Ideen von unten auch das Plazet von Politik und Verwaltung übereinkommt, dann besteht die Chance auf ungewöhnliche Komplizenschaften von ungeahnter Kraft. Hier in Tribsees wären ohne die Klarheit und das Verständnis des Bürgermeisters Bernhard Zieris und Christian Pegel, Minister für Energie, Infrastruktur und Digitalisierung im Land Mecklenburg-Vorpommern, viele gute Ideen unmöglich geblieben. Oftmals stehen der Entwicklung hierzulande unklare Besitzverhältnisse, mangelnde Entschlossenheit und das Nicht-Ausschöpfen des rechtlichen Rahmens im Wege.

Pegel verblüffte bei seiner Eröffnungsrede am 24. Juni 2021 mit seiner klaren Haltung gegenüber Eigentümer*innen, die ihrer Sorgfaltspflicht nicht nachkommen, ja nicht einmal ansprechbar seien. Wenn Häuser, die das Stadtbild prägen, gezielt dem Verfall überlassen werden, sollte in letzter Instanz auch Enteignung eine Option sein. Werden eben diese Häuser für die Gemeinschaft erschlossen, können nur positive Wirkungen folgen: Der Ort wird aufgewertet und genutzt, die Substanz vielleicht sogar an einigen Stellen gesichert. Und wenn dadurch die Eigentümer*innen aufmerksam werden und sich melden, findet so ein Kontakt und möglicherweise sogar ein Dialog statt, welcher vorher nicht möglich schien.

In unserem Fall hieß der „unerreichbare" Besitzer im Volksmund nur „der Schweizer". Neben dieser konkreten Nationalität gab es nur noch Ungenauigkeiten und Gerüchte. Diese aber nicht zu knapp. Verblüffend war für uns aber auch das schwindende kollektive Gedächtnis. So variierte die Angabe der Schließzeit der Kaufhausnutzung nicht um Monate, sondern um Jahrzehnte. Neben der Bausubstanz bröckelt durch Brachliegen also auch die Erinnerung.

Materiell haben wir uns aber genau dieser Vergangenheit gewidmet und sind im Gebäude auf Schatzsuche gegangen. Was für andere nur Sperrmüll oder alter Schrott war, wurde für uns zum Rohstoff der neuen Gestaltung. „Urban Mining" nennt eine auf Nachhaltigkeit und Kreisläufe ausgerichtete Bewegung dieses Vorgehen. Aus alten Regalen wurden Tische, aus nie ausgepackten Lampenschirmen der Vorwendezeit wurde Wandschmuck und aus scheinbar wahllosem Allerlei eine stimmige Installation im Schaufenster. Jedes einzelne Detail wurde hinterfragt und wohl kuratiert. Neu waren am Ende nur die Ideen.

Kein Haus ist eine Insel. Und so korrespondiert das alte Kaufhaus mit dem Tribsees von heute. Um das zu symbolisieren, legten wir einen Indoor-Steingarten aus dem Schutt der abgebrochenen Häuser an, welcher sowohl Wegeführung als auch Gestaltungselement war. Bepflanzt wurde dieser temporär mit Blühwerk der Gärtnerei Weber. Wurden wir anfänglich selbst von unseren Helfer*innen belächelt, so staunten die Gäste am Ende nicht schlecht, als wir ihnen erzählten, was sie da am Eröffnungswochenende so begeistert ansahen.

Wenn Interimsnutzungen wie diese ermöglicht werden, fangen Menschen an, einen Ort, der seit Jahren keine Funktion im städtischen Gefüge hat, zu transformieren. Sie investieren Zeit und „Sweat Capital", setzen sich praktisch für den Ort ein und entwickeln eine Ver-Bindung mit diesem. Zwischennutzungen können auf ungewöhnliche Weise kreatives Potenzial freisetzen, weil mit ihnen immer auch das Temporäre verbunden ist. Durch die Unsicherheit sind sie frei von Erfolgsdruck und eröffnen Räume für Experimente, mit unklarem Ausgang und einer gewissen Naivität. Das kann zum Scheitern führen, aber auch zum Erfolg. Mit Sicherheit aber bringt es einen hohen Erfahrungswert mit sich.

T2T – Zukunft geht durch den Magen

Ebenso wie die Kluft zwischen Arm und Reich scheint sich auch ein breiter werdendes Delta zwischen urbanen und ruralen Gebieten zu entwickeln. Selbst das Wissen um den Anbau von Lebensmitteln schwindet aus vielen städtischen Köpfen. Und das, obwohl damit unser aller Existenz- und Grundbedürfnis, das Essen, befriedigt wird. Aber auch die Flächennutzung und die Verfasstheit unserer Umwelt stehen in unmittelbarem Zusammenhang mit dem, was wir essen. Schon Wendell Berry meinte: „Essen ist eine landwirtschaftliche Tätigkeit". Und selbstredend ist dieser Akt auch politisch.

Wie können wir eine neue Nähe zwischen dem Land, den Lebensmitteln, ihren Produzent*innen, den Orten des Verzehrs und auch zu Konsument*innen und untereinander schaffen? In einem Restaurant, das keines ist! Das einen ländlichen Raum eröffnet, um Menschen mit unterschiedlichsten Herkünften einander näherzubringen.

Auch wenn Tribsees seit Jahren schon kein Restaurant mehr hat, verkauften wir bei T2T keine simplen Menüs, sondern vielmehr kulinarische Erlebnisse. Doch neben all unserer Liebe für die Kochkunst und dem Stolz auf unsere Kaufhausgestaltung wurde uns schnell klar: Der Star ist die Stadt. Gemeinsam mit den lokalen Produzent*innen, Expert*innen, Food-Enthusiast*innen und den exquisiten Partner*innen aus Hamburg und Berlin entwickelten wir ein vielfältiges Programm für vier tolle Tage Ende Juli.

Wir spielten mit den Formaten, um eine Brücke zwischen unserem Stammhaus in der Karl-Marx-Straße, der Altstadt und dem Umland zu schlagen. Ob Gutshaus, Fermentationsmanufaktur, Barockdorf oder der wahrgewordene Traum vom eigenen Hof: In und um Tribsees gibt es zahlreiche lohnende Ziele und Koryphäen von überregionaler Strahlkraft.

Natürliche Geschmacksverstärker

In Großstädten umweht seinen Namen allerhand Ruhm der kulinarischen Avantgarde, bei vielen Tribseeser*innen ist Olaf Schnelles Gemüsekunst noch gänzlich unbekannt. Denn Anbauort und Absatzmarkt liegen in seinem Fall Hunderte Kilometer auseinander. Als „Schnelles Grünzeug" gärtnert Olaf aus dem dörflichen Kleinod Dorow für die Sterneküchen dieser Republik. Dank seiner Zutaten und seines Wissens eröffneten sich für uns gänzlich neue Geschmackswelten.

Dass reale Orte sich im virtuellen Raum heutzutage scheinbar mühelos transportieren, zeigten uns Yannic und Susann von Krautkopf auf eindrucksvolle Art und Weise. Mit ihren Abertausenden Fans in den sozialen Medien teilen sie ihre Erfahrungen und Erlebnisse des Lebens im ländlichen Prebberede, unweit von Tribsees. Mit uns teilten sie den letzten Abend und ihr Rezept für Rote-Beete-Fenchel auf Roggenbrot.

Andere Partner*innen fanden wir fast zufällig in Alltagsgesprächen. Die städtische Angestellte Nicole Wenzel entpuppte sich als Foodbloggerin auf dem Weg zur modernen Subsistenzwirtschafterin. Ihr Traum vom eigenen Hof mit Bildungsauftrag war unser Glück und Weg zum besten Käse der Stadt.

Die Vielzahl und Vielfalt der kulinarischen Kompliz*innen mag überraschen, wenn man ihnen die Einwohnerzahlen gegenüberstellt. Aber so wird nicht nur die Historie der Stadt-Land-Beziehungen sichtbar, sondern auch die bereits real existierende Zukunft des Wohnens und Arbeitens der hier Lebenden. Denn abseits der Metropolen geht weit mehr als nur Verharren und Bewahren. Provinz ist eben keine Landschaft, Provinz ist ein Zustand des Denkens.

Die ganze Stadt wird Restaurant

Schnell wurde klar, dass wir die Vielzahl der Gäste gar nicht an einem Abend und an einem Ort bewirten können. Und so kreierten wir diverse Formate für unterschiedliche Publika. Dieser Umstand ließ uns aber auch die Mehrdimensionalität des Projektes besser repräsentieren.

Der Donnerstag gehörte allen Helfer*innen und Sponsor*innen. Wir öffneten für sie zum ersten Mal die Pforten des Kaufhauses und bedankten uns für ihre Unterstützung mit kleinen Grüßen aus der Küche. Am Freitag verlagerte sich das Geschehen endgültig auf die Straße, welche an allen Abenden extra für den Autoverkehr gesperrt wurde. Mit unterschiedlichen Stationen ahmten wir einen Food Court nach und rundeten das kulinarische Erlebnis durch Livemusik lokaler Musiker*innen ab. So erlebten die Bewohner*innen und Besuchenden die Kleinstadt auf eine neue Weise.

Das gelernte Konzept des stationären Restaurants verließen wir am Samstag gänzlich für einen echten Kreislauf durch die Stadt. Tagsüber öffneten ausgewählte Partner*innen im Umland ihre Pforten für unsere Gäste und luden zu einer kulinarischen Landpartie. Am Abend verwandelte sich ganz Tribsees in ein Freiluftrestaurant. Wir starteten geführte Touren jeweils mit einem Happen Kochkunst und einleitenden Worten im Kaufhaus. Daraufhin zogen die Gruppen von ca. 30 Personen über die Stationen Kino, Kirche, Kanu-Wanderrastplatz zurück ins Kaufhaus. Sowohl an den konkreten Orten als auch unterwegs zeigte sich das

03

04

05

06

03, 04, 07 Die Ziegelsteine der zerfallenen Häuser werden zu Fliesen und Tellern für das Kreislaufrestaurant im ehemaligen Kaufhaus. 05, 06 „Nur Fliesen ist schöner!" – in verschiedenen Workshops entsteht gemeinsam mit Schüler*innen der Grundschule Recknitz-Trebeltal, der Trebel-Pötterie und Anwohner*innen das Interieur für „Tribsees to Table". 08, 09 Hilde Zinke von der Trebel-Pötterie begutachtet die Fliesentische.

07

08

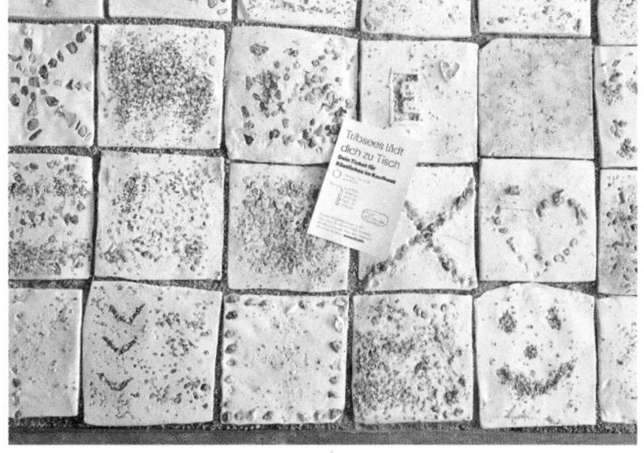
Tribsees lädt dich zu Tisch
Dein Ticket für Köstliches im Kaufhaus

09

10

11

12

10–12 Das leer stehende und teilweise verfallene Gebäude erstrahlt in neuem Glanz und Charme.
13–15 Ganz Tribsees verwandelt sich in ein Freiluftrestaurant: Über die Straßen der Trebelstadt ziehen die Restaurantgäste von Kino zu Kirche (14) und Kanu-Wanderrastplatz (13) zurück ins Kaufhaus.

13

14

15

Format als Selbstläufer und kommunikativer Glücksgriff. Die Menschen bewiesen sich gegenseitig, dass es nicht zwangsläufig die Architektur eines gebauten physischen Raums benötigt, um zusammenzukommen. Hier war es der arrangierte Anlass mit einer in sich schlüssigen Dramaturgie, welcher lang vermisste Gemeinschaft stiftete. „Tribsees to Table" veränderte so nachhaltig die Stadt – nicht nur materiell, sondern vor allem als kollektives Erlebnis im Gedächtnis der Bewohner*innen und Besucher*innen. Eine Geschichte, die bleibt und Geschichte wird.

Die Essenz vom Landmachen

„Das ist die beste Installation, die ich seit Beuys gesehen und erlebt habe! Und ich kann das sagen. Denn meine Freundin, Petra Korte, ist Salzkünstlerin und hat bei ihm damals studiert."
Michael Wunner, Pilgerhus Tribsees

Gestrenge Kunsthistoriker*innen mögen bei so einem Vergleich entsetzt die Nase rümpfen. Aber das hier ist eben auch die Geschichte einer leidenschaftlichen Arbeit jenseits vom hippen und distanzierten Großstadtgeflüster. Dafür mitten im Leben der Kleinstadt. Die oben zitierte Reaktion eines Betrachters ließ uns maximal positiv beschämt zurück. Aber sie zeigt uns einmal mehr, dass die Bürger*innen ihre Meinung klar und deutlich äußern und weder mit Kritik hinterm Berg halten, noch lobenden Pathos mit weniger als der großen Schaufel verteilen.

Nach monatelanger Feldforschung und handfester Arbeit können wir sagen, dass Urbane Praxis sich sehr wohl auf den ländlichen Raum übertragen lässt. Wie in jeder kulturellen Kontaktzone be- und entstehen Konflikte und Reibungen, aber auch produktive Verständigungen und gegenseitiges Lernen. So haben wir vielleicht mit unserem in der Großstadt geschulten Denken und Handeln in Tribsees Neues geschaffen. Aber ganz bestimmt haben uns die Reaktionen, Fragen und Praxen der Tribseeser*innen verblüfft und bereichert.

Ganz konkrete Vorteile waren für uns die kurzen Wege zu kommunalen Entscheider*innen wie Bürgermeister*innen und der unmittelbare Zugang in die Verwaltung. Auf der persönlichen Ebene fanden wir es überraschend, dass der schier überbordende Freiraum auf dem Land im umgekehrten Verhältnis zu seiner Abwesenheit in der Stadt steht. Wo sich in Hamburg der Wunsch nach ein wenig Raum zur Selbstverwirklichung immer stärker artikuliert, so haben die Tribseeser*innen schon oft so viel davon, dass der endlos grüne Hinterhof im trauten Eigenheim bereits vollstes Engagement fordert. Die Bedürfnisse der Bewohnerschaft sind andere und auch die Orte und Weisen der Ansprache sollten entsprechend gewählt werden.

Vielleicht können wir „Tribsees to Table“ als Präzedenzfall für eine rurale Praxis einordnen. Als sozial getarnte und motivierte Kulinarik-Kunstpraxis haben wir den Menschen eine Zukunftsvision für einen verloren geglaubten Ort serviert. Im Entstehungsprozess haben wir unser zukünftiges Publikum zu Kompliz*innen werden lassen und dadurch eine neue Öffentlichkeit geschaffen. Aber auch einen neuen Zugang zum „Landmachen“ insgesamt. Durch die aktive Teilnahme und Einbeziehung in das Projekt entstand bei den Beteiligten die Gewissheit, Handlungsmacht zu besitzen. Und wer das einmal erlebt hat, der weiß auch, dass er die Zukunft selbst gestalten kann. Wir plädieren daher für mehr Präzedenzfälle! Für ungeplante, spontane urbane Artikulationen. Dafür, Freiräume auch frei zu lassen. Zwischennutzungen sollten zu einem festen Bestandteil der Stadt- und Landgestaltung werden. Wa dabei in der Zukunft herauskommt? Das wissen wir nicht. Wir wussten es auch zu Anbeginn von T2T nicht. Würden uns die Leute für verrückt erklären? Würde die Polizei uns „räumen“? Und was würde der nicht auffindbare Schweizer mit uns machen, wenn er davon erführe? Kein Jahr später, am 24. April 2022, erhielten wir dann nachts diese Nachricht:

„ICH FREU MICH ALS BESITZER DER KARL MARX STRASSE 6 UND VIELLEICHT NIMMT JA JEMAND DIREKT KONTAKT MIT MIR AUF LIEBE GRÜSSE IM SINNE ‚EIGENTUM IST DIEBSTAHL!‘ KUNST IST DAS LEBEN! GRUSS GIOVANNI, TEL. + 41 ████ / ████████ “

Fortsetzung folgt?!

Fotos:
Jan Lewandowski: Abb. 01, 08, 11–15
Nina Manara: Abb. 07
Martha Starke: S. 26; Abb. 02–06, 09–10

„Tribsees to Table“ in bewegten Bildern.

Tribsees/Linz

Leuchtreklame

Studierende des Studiengangs space&design strategies

Coronabedingt eingesperrt in Linz, setzten die Studierenden in der Uni-Werkstatt ihre Wünsche für Linz in Lichtwerbung um. Rund 25 Lichtobjekte wurden so in der Stadt verteilt.

Karl-Marx-Straße

Geschichten von Tribsees **Siegfried Casper**

Immer wieder besuchte uns Herr Casper und überraschte mit Anekdoten von Tribsees. Die Menge an Geschichten über verschwundene Kneipen, Bäckereien, Hotels und Tanzlokale war unendlich. In seinem privaten Archiv gibt es von fast allen Häusern Bilder aus früheren Zeiten: eine faszinierende Sammlung, die er Interessierten auch gerne zeigt.

Karl-Marx-Straße 23

Co-Working-Hotel Tribsees Sofie Wagner & Anne Sell

Im quasi besetzten Haus gestalteten Sofie und Anne einen Co-Working-Space als zentralen Ort, von dem aus sie alles koordinierten, planten und vorantrieben.

01520 465 09 23
23

Deutsches Rotes

Karl-Marx-Straße 27

Kino Tribsees MattonOffice: Ton, Sofie, Paulus, Anne, Martha & Beate

Ein öffentliches Freiluftkino auf einer Brachfläche zeigt, was alles möglich ist: Eine leere Wand, zwei Eimer weiße Farbe, Strom von einer Laterne – und schon ist ein Kino in Tribsees entstanden. Stühle, Getränke und Popcorn bitte selbst mitbringen!

Karl-Marx-Straße 29

Post MattonOffice: Ton, Anne & Sofie

Die Wünsche der Bewohner*innen wurden in einer Postkartenbox gesammelt. Wünsche wurden adressiert an: den Bürgermeister, die Nachbar*innen, Goethe, den Minister, Herrn Scholz, Elon Musk, den*die Ex-Partner*in, Kant, Dietmar Bartsch, den Bäcker, Jogi Löw ... Hunderte von Postkarten trafen ein, absoluter Gewinner war der Wunsch nach einem McDonalds.

Karl-Marx-Straße 33

Tribsees-Lounge Martina Del Ben

Durch einen Tresen im Fenster schuf Martina einen Übergang vom öffentlichen Raum in ein leer stehendes Haus. Das Haus bekam plötzlich wieder ein „Schaufenster“. Der Blick in den Innenraum lädt zum Nachdenken über all das ein, was hier stattfinden könnte!

Improvisation

Wie auch in Wittenburg (2012) und Gottsbüren (2016) basierte unsere Arbeit auf Improvisation. Alles begann mit einer Straße, in der verfremdende Elemente die Förmlichkeit durchbrechen sollten. Der Raum sollte, wie es Christopher Dell in *Improvisations on Urbanity* beschreibt, durchdrungen sein von Möglichkeiten, Möglichkeiten die einen dazu einladen – oder sogar dazu zwingen – zu antizipieren.[1] In einer normalen Straße verhält sich jede Person gewöhnlich, wie sonst auch. Erst wenn etwas passiert – wenn, sagen wir, ein mit Hühnern beladener Lkw eine Panne hat und alle Hühner plötzlich zwischen den Fußgänger*innen und Autos auf der Straße herumscharren –, muss sich diese Person anders verhalten, besser aufpassen, vielleicht dabei helfen, die Hühner wieder einzufangen. Dies könnte man als „Improvisationsmodus 1" bezeichnen – auf einen Mangel reagieren, um ihn zu beseitigen. Unser Anliegen hingegen ist es, solche Mängel mit einzuplanen. Dazu ist es notwendig, in den „Improvisationsmodus 2" überzugehen und Menschen absichtlich dazu zu führen, die erlernten Regeln und Praxen zu überdenken. Innerhalb der stadtplanerischen Tätigkeit wird das Experiment gesucht. Das Unerwartete wird herausgefordert, dem Unerwarteten wird Raum gegeben.
Um die Kleinstadt Tribsees in diesen Improvisationsmodus 2 zu versetzen, bespielten wir das Zentrum; die Stadt wurde zur Bühne. Die Idee, scharrende Hühner auf die Straßen loszulassen, haben wir dann doch nicht umgesetzt. Die Bewohner*innen sollten sich als Darstellende in ihrem eigenen Bühnenstück und damit in die Möglichkeiten der Stadtentwicklung einbringen. Das soziale Leben sollte in Wort, Bild und Erfahrung sichtbar werden, damit es sich verstärken würde. Mit unserem Blick von außen erzwangen wir die Thematisierung der Problematik.

Performativer Urbanismus

Je tiefer wir uns einarbeiteten, umso mehr entdeckten wir all das, was wir noch nicht wussten. Damit umzugehen und nicht daran zu verzweifeln, war eine unserer Stärken. Wir nennen das performativen Urbanismus – wir erfinden und spielen eine Welt, wie wir sie gerne hätten, und handeln in einer Ungewissheit, ob das, was wir tun, auch tatsächlich zu dieser Welt führt, wobei das Handeln selbst Einfluss auf das nimmt, was wir erforschen möchten. Zusammen mit Künstler*innen, Studierenden, Bewohner*innen und verschiedenen Interessengruppen führten wir Workshops zum Thema „Tribsees' Zukunft machen" durch. Wie in einem potemkinschen Zirkus bespielten wir die leeren Häuser, die Brachflächen und den öffentlichen Raum mit einer Reihe von Veranstaltungen. Neue Geschichten und Erfahrungen sollten gezielt dazu führen, Probleme mithilfe anderer Gedanken und Herangehensweisen aufzuspüren und zu überspielen. In

1 Vgl. Christopher Dell, Ton Matton: Improvisations on Urbanity. Trendy Pragmatism in a Climate of Change, Rotterdam: Post Editions, 2010, S. 3.

diesem Buch können Sie sehen, wie zum Beispiel eine potemkinsche Kneipe, ein potemkinsches Kino („Getränke und Popcorn bitte selbst mitbringen"), ein potemkinsches Restaurant, ein potemkinsches DIY-Hotel („Möbel vorhanden, richte dein Zimmer selbst ein"), ein potemkinsches Museum, eine potemkinsche Galerie, ein potemkinscher Co-Working-Space entstanden und die Stadt mit neuen Geschichten durchdrangen. Alles von Kunstschaffenden, Studierenden und/oder Einwohner*innen gebaut und bespielt.

Dorfbewohner*innen sind Stadtbewohner*innen mit Platz

Die Landproblematik wird sehr oft aus der Großstädterperspektive betrachtet und beurteilt. Und obwohl sich, dank der Globalisierung, die Einwohner*innen von Dörfern und Städten immer mehr gleichen – wir essen das gleiche Supermarktessen, tragen die gleichen Modekettenklamotten, fahren die gleichen Automarken, gucken die gleichen Fernsehprogramme –, so gibt es doch einige Unterschiede. Und das hat nichts mit Schubladendenken oder Vorurteilen zu tun, sondern mit dem zur Verfügung stehenden Platz und der Menge an Einwohner*innen. Wie die Gauß-Kurve zeigt, gibt es in einer Menge immer einen Normaldurchschnitt, und nach links und rechts abnehmende Ausläufer. Je größer die Menge, desto größer die Normalmasse und desto weiter die Ausläufer. In einer Großstadt, in der es mehr Menschen gibt, sind also die Extreme auch größer. Die Armen sind ärmer, die Reichen sind reicher, die Linken sind linker, die Rechten sind rechter.

Im dünner besiedelten ländlichen Raum ist die Nachfrage nach einem spezifischen Angebot nicht so groß. Es leben dort zu wenig Menschen für öffentliche Verkehrsmittel, zu wenig Kinder für eine Grundschule, zu wenig Kund*innen für eine Bäckerei, eine Fleischerei oder ein Schuhgeschäft, geschweige denn für eine Croissanterie oder ein auf Barfußschuhe spezialisiertes Sportschuhgeschäft.

Dafür gibt es an manchen Orten aber genügend Parkplätze für viele Autos auf einer Wiese und Nachbar*innen, die frische Eier, Rohmilch, Honig oder Kuchen miteinander teilen. Man kann auf dem Land sehr schlecht ein anonymes Leben führen, es braucht eine gewisse Portion an Respekt, der über den üblichen Großstadtrespekt für anonyme Kassiervorgänge oder Fußgängerbegegnungen hinausreicht. Und wenn ich davon erzähle, dass ich auf der Biennale in Venedig ausgestellt habe, ernte ich innerhalb meiner Architekt*innen-Bubble in der Stadt sofort Anerkennung. Erzähle ich das allerdings in dem Dorf, in dem ich lebe, macht das weniger Eindruck, weil es ein sehr spezifisches Feld ist, in dem ich mich bewege. Dies alles heißt selbstverständlich nicht, dass Dorfbewohner*innen generell kein Interesse an Kunst oder am Ausstellungsbetrieb haben, es heißt nur, dass die Wahrscheinlichkeit deutlich geringer ist, dass ich in dieser kleineren Gruppe an Einwohner*innen, auf Menschen treffe, die dieselben Interessen haben.

Es braucht also politische Entscheidungen, die dafür sorgen, dass auf dem Land öffentliche Verkehrsmittel eingerichtet sind, eine stabile Internetverbindung gewährleistet ist, Straßen ausreichend ausgebaut sind oder es eine Abwasserkanalisation gibt. Würde man solche Fragen dem Markt überlassen, würden sie aus Mangel an Kund*innen nicht eingerichtet. Aber weil wir manchmal die unterschiedlichen Bedürfnisse von Stadt- und Dorfbewohner*innen vergessen, gibt es auch unnötige Sachen: Asphaltstraßen braucht es nicht immer, ein Sandweg genügt auf dem Land manchmal auch. Wenn das Loch (dazu gleich mehr) zu groß ist, fährt man eben drumherum (Platzmangel gibt es schließlich eher nicht). Eine Abwasserkanalisation braucht es auch nicht immer, manchmal reicht eine lokale Kläranlage. Dafür fehlt es in der Stadt an Platz. Also wäre es sinnvoll, diese Stadt-Land-Unterschiede deutlicher zu benennen. Auch mangelnde Parkplätze, E-Roller-Fahrstreifen, Feinstaub und Lärm sind Großstadtprobleme. Auf dem Dorf darf ein Hahn krähen, auch morgens um 4 Uhr.

Herablassende Sichtweise

Was so ein Projekt in Tribsees zeigt, ist, dass eine manchmal herablassende Sichtweise der Großstädter*innen auf das Landleben für Unsicherheit sorgt. Oft höre ich Personen sagen, dass sie sich schämen zu erzählen, dass sie vom Land kommen. Wenn ich dann mit einer Truppe Studierender in ein Dorf oder eine Kleinstadt ziehe, bringe ich genau die Altersgruppe von 18- bis 25-Jährigen mit, die hier tendenziell fehlt. Wenn die Studierenden sich dann auch noch verhalten wie in der Stadt – sie zum Beispiel ein Restaurant eröffnen, Häuser besetzen, neugierig herumstreifen und die Nachbar*innen mit Tausenden von Fragen überraschen –, dann lässt sich langsam bemerken, wie das Selbstbewusstsein der Einwohner*innen wächst. Und ich vermute, da könnte eine wichtige Entwicklung stattfinden. Wenn, wie die Statistiken zeigen, immer mehr junge Menschen aufgrund des überteuerten Wohnungsmarkts und der Großstadthektik zurück aufs Land ziehen, um dort eine Familie zu gründen, dann bringen diese ein gewisses Großstadtverhalten mit. Genau diese Mischung aus Großstadterfahrung und Dorfverständnis könnte das Selbstbewusstsein stärken und vielleicht zu klügeren Entwicklungen führen, die den Unterschieden zwischen Stadt und Land gerecht würden.

Das Loch in der Straße

Apropos Loch in der Straße. Hier muss ich eine Anekdote aus meinem Lieblingsbuch von Ryszard Kapuściński, *Afrikanisches Fieber*, einstreuen. Kapuściński berichtet von einem Loch in einer Straße in der nigerianischen Stadt Onitsha, das eine Belebung des Orts zur Folge hatte: „An dieser Stelle, für gewöhnlich ein verschlafener Winkel der Vorstadt, [...] hatte sich unerwartet und spontan, dank diesem unglückseligen Loch, ein dynamisches, geschäftiges und lärmendes Viertel gebildet. Das Loch verschaffte den Beschäftigungslosen Arbeit [...]. Es versorgte die Frauen mit ihren mobilen Garküchen mit Kundschaft. Und diesem Loch [...] war es auch zu verdanken, dass in den meist leeren Läden in der Umgebung plötzlich unfreiwillige Kundschaft auftauchte – die Passagiere und Fahrer der Wagen, die auf die Weiterfahrt warteten. Und auch die Straßenverkäufer von Zigaretten und Erfrischungsgetränken fanden Abnehmer für ihre Produkte. [...] Die Umgebung des Loches wurde zu einem Ort der Begegnung, der Gespräche und Diskussionen [...].“[2] Damit erzählt Kapuściński die klassische Entstehungsgeschichte einer Stadt, wie sie an der Uni gelehrt wird, und die es in vielen Varianten gibt. Eine Furt kann Grund für eine Stadtentstehung sein wie im Fall von Utrecht, Maastricht oder Frankfurt. Ein Damm in einem Fluss führte zur Gründung von Rotterdam und Amsterdam. Eine Burg ist, klar, eine Stelle, die sich gut verteidigen lässt, wie Hamburg. Der Name Tribsees leitet sich vermutlich aus dem Slawischen von *treb* oder *trebez* (polnisch: *trzebiez*), also „Gereut“, „Rodung“ ab. Die Stadt liegt auf einer erhöhten Stelle in einem Moor, das scheinbar gerodet wurde. Die Geschichte, durch die Tribsees aber seit Jahren in den Medien bekannt ist, ist die Geschichte von der Autobahn mit dem Loch. Die A20 ist abgerutscht – in den matschigen Moorboden. Mich erinnert das an Kapuścińskis Erzählung, in der gleich eine ganze Stadt um ein Loch in einer Straße herum entstanden ist. So gesehen ist das Loch von Tribsees eine riesige Chance für die Stadt ... Noch ist die Baustelle erst zur Hälfte fertig, noch bleiben einige Jahre, um von dieser Geschichte über Onitsha zu lernen.

Sozialistische Utopist*innen

Während der Industriellen Revolution kamen auch die ersten sozialutopischen Ideen auf. Das Ziel war eine Verbesserung der Lebensumstände aller, aber insbesondere der der Fabrikarbeiter*innen – Männer, Frauen und Kinder. In den Wohnkasernen wüteten Krankheiten wie Cholera, und so sollten mit Licht, frischer Luft und ein bisschen mehr Platz die Wohnverhältnisse verbessert werden.[3] Auch am Arbeitsplatz sollten verbesserte, gesündere und sichere Arbeitsumstände entstehen. Dies war schließlich nicht nur besser für die Arbeiter*innen, sondern auch für die Produktion und den Gewinn.
Die Globalisierung und der immer noch herrschende Zuzug in die Städte – schon seit einigen Jahren wohnt über die Hälfte der Weltbevölkerung in Städten, Tendenz steigend – haben das Angebot von Arbeitnehmer*innen erhöht und Gesundheit zu einem relativ randständigen Thema gemacht.

2 Ryszard Kapuściński: „Ein Loch in Onitsha“, in: Ryszard Kapuściński: Afrikanisches Fieber. Erfahrungen aus vierzig Jahren, München/Berlin: Piper, 2016, S. 337–345 [polnische Originalausgabe: Heban, Warschau: Czytelnik, 1999].

3 Um einen guten Eindruck von den damaligen Lebensumständen zu bekommen, lies zum Beispiel Georg Orwell: Der Weg nach Wigan Pier, Zürich: Diogenes, 2012 [englische Originalausgabe: The Road to Wigan Pier, London: Victor Gollancz Ltd., 1937].

Arbeit hat sich von Westeuropa in die Niedriglohnländer verlagert, in denen die Arbeits- und Wohnverhältnisse immer noch sehr prekär sind. So arbeiteten zum Beispiel auf den Fußball-Weltmeisterschafts-Baustellen in Katar moderne Sklav*innen, die für einen Lohn schufteten, der vielleicht auf dem Papier einen guten Eindruck machte, aber in der Realität über zu zahlendes Wohn- und Essensgeld mehr als gemindert wurde. Für jede chinesische Fabrikarbeiterin, die vor Erschöpfung umkippt, steht schon Ersatz bereit. Auch in Europa gibt es viele Berufe, in denen Gewerkschaften kaum eine Bedeutung haben, man denke zum Beispiel an Kurier- und Paketdienstleistungen. Es scheint so, als wäre das Angebot an Arbeitnehmer*innen und die Individualisierung zu stark. Wie können wir, Leser*innen und Autor, uns noch in die Augen sehen, wenn wir wissen, dass unsere Klamotten, die wir gerade tragen, höchstwahrscheinlich von modernen Sklav*innen in einer umweltverschmutzenden Fabrik hergestellt wurden? Auch wenn Bio- und Fair-Trade-Siegel auf den Produkten prangen, ist das noch keine Garantie (vielleicht gerade noch so für das Etikett, nicht aber für die Klamotten selbst[4]).

Brasilianisierung der Welt

Die Brasilianisierung der Welt, wie Ulrich Beck sie beschrieb,[5] findet schon längst statt. Wir halten alle Versorgung für selbstverständlich: Trinkwasser, Elektrizität, Heizung, Müllentsorgung – all das ist so gut organisiert, dass diese Errungenschaften nicht mehr wahrgenommen werden. Die aktuelle Gaskrise zeigt, dass sie gar nicht so selbstverständlich sind und dass wir möglicherweise auch in diesen Versorgungsfeldern Einbußen hinnehmen werden müssen. Eine beheizte Wohnung, ein beheizter Arbeitsplatz ist nicht mehr selbstverständlich. Genauso wie auch die Rente, eine Sozialversicherung oder das Gesundheitssystem nicht mehr selbstverständlich für alle zugänglich sind. Für seine Rente müsse man selbst vorsorgen, formulieren sogar einige neoliberale Regierungen, ohne sich dafür zu entschuldigen, dass sie diese enorme Leistung der Politik der 1950er Jahre, für die damals schwer gekämpft wurde, einfach über Bord werfen. Viele Kleinunternehmer*innen können sich die Kosten für die Krankenversicherung schon jetzt nicht mehr leisten. Auch die derzeitige Inflation erinnert an die 1980er Jahre in Brasilien, in denen die Menschen,

4 Siehe Dana Thomas: Deluxe. How Luxury Lost Its Luster, London: Penguin Books, 2007.

5 „Brasilianisierung des Westens", nachzulesen in Ulrich Beck: Schöne neue Arbeitswelt, Frankfurt am Main: Suhrkamp, 2007 [deutsche Originalausgabe: Frankfurt am Main: Campus Verlag, 1999].

sobald am Monatsende das Gehalt gezahlt wurde, sofort in den Supermarkt geeilt waren, weil es schon bis zum nächsten Tag deutlich an Wert verlor. Ich erinnere mich noch daran, wie ich während meines Praktikums in Rio in einem Supermarkt mit rund 100 Kassen stundenlang anstand – alle hatten zwei bis drei Einkaufswagen mit Einkäufen vollgeladen.

Komfort
Jahrzehntelang war das Streben nach immer mehr Komfort eine Selbstverständlichkeit. Aber die Kehrseite dieses komfortablen Lebens zeigt sich immer deutlicher, die Wirtschaft basiert auf der Verschwendung von Ressourcen und Energie – sie ist nur durch eine finanzielle Luftblase aufrechtzuerhalten, die auf der Arbeit unzähliger Arbeiter*innen treibt, die für einen Hungerlohn schuften, gefangen in der wirtschaftlichen Falle von Handelsbarrieren, Arbeitsgenehmigungen, Regeln und Gesetzen. Dies ist schon länger gang und gäbe, aber durch das Internet und die Globalisierung werden wir jeden Tag damit konfrontiert: Klimawandel, Kinderarbeit, moderne Sklaverei, Verunreinigungen von Nahrungsmitteln, um nur einige Extreme zu nennen. Diese tägliche Konfrontation verursacht ein unbehagliches Gefühl in breiten Schichten der Gesellschaft.
Eine träge Stadtplanung möchte sich gegen ein Komfortmodel für eine kleine Elitegruppe wehren, das auf Kosten einer wachsenden „Unterschicht" geht. Slow Urban Planning möchte sich somit in die Tradition utopischer Denker*innen wie Charles Fourier, Robert Owen oder auch Upton Sinclair[6] einreihen.

6 Siehe zum Beispiel Upton Sinclair: Der Dschungel, Zürich: Unionsverlag, 2014 [englische Originalausgabe: The Jungle, New York: Doubleday, 1906].

Karl-Marx-Straße

Synchron-Bügel-Party **Frauenverein Tribsees e. V.**

Eine Eröffnung mit ungebügelten Tischdecken war absolut undenkbar. Also folgten viele dem spontanen Aufruf des Frauenvereins und bügelten 100 Meter Tischdecke. Fünfmal sprang die Sicherung heraus, weil sieben Bügeleisen gleichzeitig im Einsatz waren. Das war für unsere improvisierte Stromversorgung im quasi besetzten Haus dann doch etwas zu viel.

Karl-Marx-Straße 21

German Property Shop Anna Weberberger

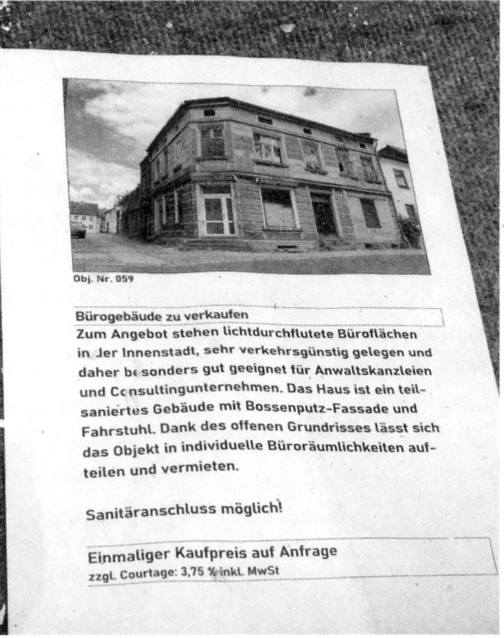

Karl-Marx-Straße 25

Galerie Tribsees Paulus Goerden

Chinese Takeout

24.02.2038 Post der erfolgreichen Influencerin L.

183K

10.778

309.002

..., in dem Hr. Y. (HY) die Geschichte seiner Einwanderung und Integration erzählt.

Wir sehen Hr. Y. am Herd bei der Zubereitung eines Hammelragouts in seiner Küche. Er hat bei sich zu Hause ein informelles Restaurant eröffnet.

L: Sie kochen?
HY: Ja, leidenschaftlich und bio. Sie sollten wissen, als ich nach Tribsees kam, war selbst etwas so Einfaches wie Salz eigentlich unglaublich schmutzig, ein belastetes Lebensmittel. Es war voll mit Metallrückständen und anderen giftigen Stoffen. Jedes einzelne Lebensmittel unterlag noch den gesetzlichen Normen, aber wenn man alles zusammenzählt, alle Zutaten, die man für jedes Gericht verwendete, dann war jede Mahlzeit eine Art Giftbombe. Ich habe dann hier in Tribsees ein Restaurant eröffnet, um ehrliche Gerichte zuzubereiten.
L: Ein Restaurant?
HY: Ja, einfach so, spontan, im Wohnzimmer. Fast alle meine Nachbar*innen haben ein kleines Unternehmen gegründet. Dieses Schafsfleisch zum Beispiel kommt von der Nachbarin, direkt von der Weide hinter uns. Ich bekomme hier auch Eier und Hühner und Fisch, Tomaten, Milch. Ich bin eigentlich durch Zufall hier in Tribsees gelandet. Über das Internet hatte ich Goldfische an eine Einwohnerin des Orts Bad Sülze verkauft. Damals lebte ich noch in Guangzhou. Aber es gab einige Probleme an der europäischen Grenze, zu viel Brom in den Paletten, auf denen die Aquarien gestapelt waren.

Die Fische durften also nicht einreisen. Dann kam Katrin, die Kundin, einfach vorbei und holte sie selbst ab – und so lernten wir uns kennen. Als ich dann nach Tribsees kam, war alles sehr marode. Ich erinnere mich an die damalige IKEA-Werbung, sie war Teil meines Integrationskurses. „Wohnst du noch oder du lebst schon?“ Der Lehrer erzählte uns, wie die Deutschen lebten, und wir machten Witze über die langweiligen Vorstadtsiedlungen. Aber dann wurde dieser Slogan auf die Raumplanung losgelassen. Ich weiß nicht mehr genau wie, jedenfalls stellte der Minister die träge Stadtplanung in Mecklenburg-Vorpommern vor. Der Flächennutzungsplan wurde nach einem Referendum aufgelöst. Nicht länger wurden Verbote aufgestellt, wohl aber die Möglichkeiten erweitert. Die Menschen durften in und um ihre Häuser herum produzieren. Es entstand eine Vielzahl an Pfannkuchenhäusern, Gaststätten, Weinproben, Reitställen, Kinderbauernhöfen und dergleichen. Alles sehr individuell, größtenteils auch als Reaktion auf die Inflation und Energiekrise 2022. Viele versuchten, mit ihren Hobbys einen Nebenverdienst zu erwirtschaften. Nicht alle haben das geschafft, klar, aber es hat einige faszinierende Veränderungen für unser Produktions- und Konsumverhalten ausgelöst. Das Vertical-Farming-Hochhaus wurde damals zum Beispiel gebaut. Mit viel weniger Energiebedarf konnte nun viel mehr produziert werden. Lokal, also ohne großen Transportaufwand, und mit minimalem Einsatz von Wasser und Nährstoffen für die Pflanzen. Sehr effizient und trotzdem bio. Dort drüben an der Ecke verkauft ein Mann Gummiboote, Stiefel und Schwimmwesten und so. Vor allem als Souvenir für internationale Tourist*innen, die hier die nassen Moore bestaunen. Brot kann ich hier auf der Straße kaufen, ebenso wie Reis, Fisch, schwarze Bohnen und Kochbananen. Und natürlich Wein, echten Wein aus Pommern.

Neubaustraße

Spiegelbacksteine Maya Leen

An der Ecke des alten Speichers entstand aus Spiegelbackstein diese Arbeit zur Reflexion. Wie ist die Situation in der Stadt und wie geht man mit dieser um? Das sind die Fragen, die Maya Leen mit ihrer Arbeit stellt.

Karl-Marx-Straße 5

Echoes **Bipin Rao & Jonathan Holstein**

Die beiden Wismarer Lichtdesigner Bipin Rao und Jonathan Holstein brachten Licht in einige der dunklen Bruchbuden und zeigten neben dem ehemaligen Kaufhaus die Arbeit *Echoes*. Nicht nur ihre Beleuchtung auch ihre eigenwillige Energie als Musiker und DJ sorgten für manche Lichtblicke während des Projekts.

Grüße aus
Tribsees
BIG
McTREBEL
Tribsees' Zukunft machen!
machen!
SCHLAFEN
SINGEN
ESSEN
LESEN

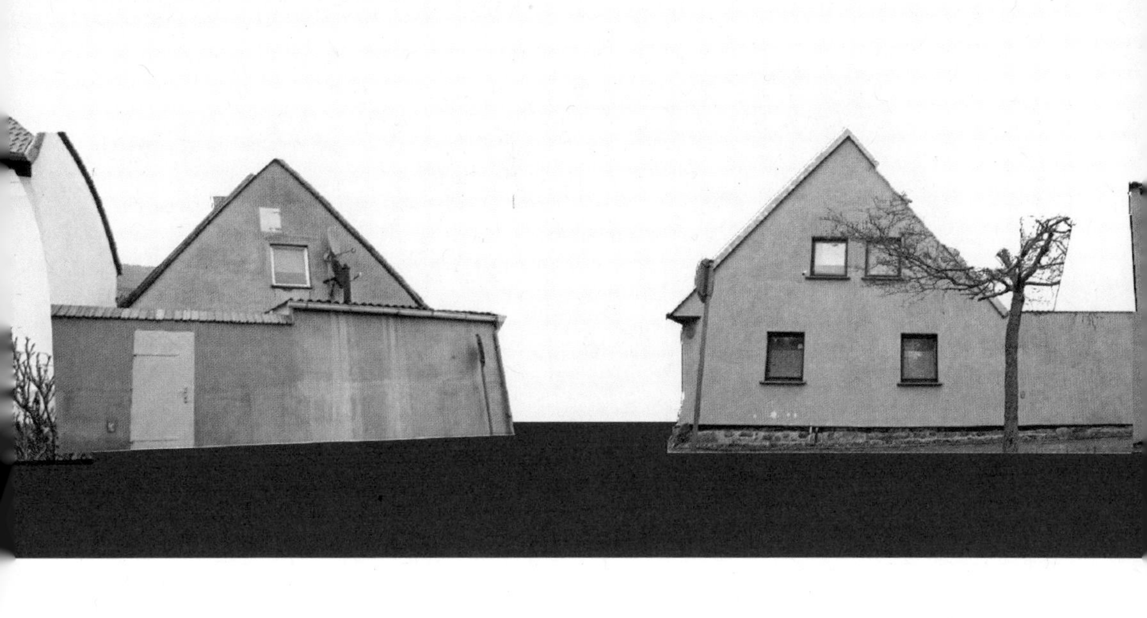

zwischen den beiden Toren von Tribsees suchen
70 leere Häuser nach neuen Tribseesern !

Sülzer Chaussee 18

Mural Alexandra Babišová

Auf Wunsch des Bürgermeisters malte Alexandra Babišová dieses Mural auf das alte Gebäude des Bauhofs. Hätte er gewusst, wie schnell und gut sie das hinbekommt, hätte sie das ganze Gebäude mit dem Mural bemalen dürfen.

Neubaustraße

I love TRI **Nasrin Qmoniri**

Frei nach dem Slogan „I amsterdam“ baute Nasrin diese Selfie-Ode an Tribsees. Wie in Amsterdam wurden auch in Tribsees die Buchstaben wieder entfernt, allerdings meiner Meinung nach nicht, weil zu viele Tourist*innen ein Selfie machten.

Papenstraße

Karl-Marx-Straße

Graffiti **Tribseeser Jugend**

Die Jugend wünschte sich einen Graffiti-Workshop. Die auf einer Brachfläche aufgestellten Wände zogen viele Jugendliche an, die ihre Kreativität mit der Sprühdose ausleben konnten.

Papenstraße 13

Balkon **MattonOffice & Florian Gwinner**

Aus den Resten des eingestürzten Hauses entstand dieses Rednerpult. Der Minister und der Bürgermeister hatten keine Einwände, die Tribsees Centenniale von diesem improvisierten Pult aus zu eröffnen, obwohl dieser Ort nicht gerade die beste Seite von Tribsees zum Vorschein bringt. Oder doch? Es zeigt genau das Potenzial und macht die Energie spürbar, mit der Tribsees an seiner Zukunft arbeitet.

Heiligeiststraße

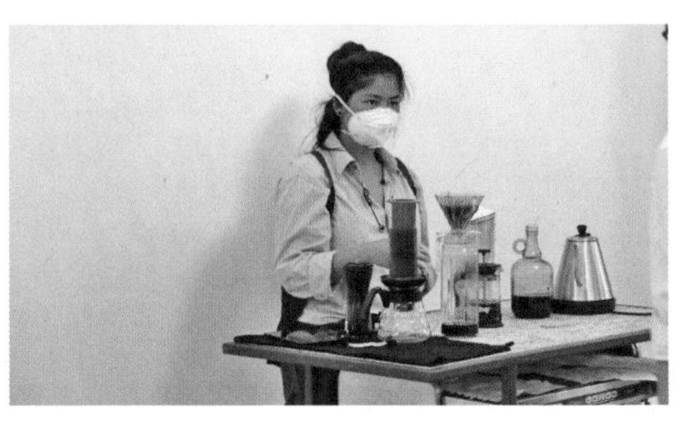

Hauptplatz 6

Linzarbeiten **Vahdeta Tahirovic, Nikita Narder & Celeste Montales**

Aus den herangeschafften Baumaterialien aus Tribsees entstanden einige Arbeiten in der Kunstuniversität Linz. Vahi baute einen Turm, Nikita verewigte einen Backstein in Kunststoff, Celeste zeigte ihr mobiles Café und der Professor hackte ein Loch in das Linzer Unigebäude und reparierte es anschließend mit einem Backstein aus Tribsees.

Windräder

07.02.2028 Post der erfolgreichen Influencerin L.

295K

15.034

467.672

..., in dem der Enkel von Hr. C. (EvC) vom privaten Archiv seines Großvaters erzählt.

Wir sehen, wie der Enkel von Hr. C. durch die Straße schlendert und auf die einzelnen Windturbinen zeigt.

EvC: Ja, früher, so erzählte mein Großvater, gab es hier auch überall Antennen, einige davon waren sogar heimlich aufgestellt worden, damit man Westfernsehen schauen konnte. Dann kamen die Satellitenschüsseln, erzählte mir meine Mutter, die wiederum mit dem Ausbau des Glasfasernetzes verschwanden. Und jetzt haben wir Windkugeln, Windrotoren, Windturbinen und was weiß ich, wie die alle heißen. Sie sind mit dem Worldwide Energy Web verbunden, das heißt, wenn zu wenig Wind weht, wird der Strom von anderswo bezogen. Und wenn zu viel produziert wird, wird es woandershin geliefert.
L: Verdient man damit auch Geld?
EvC: Ja, man kann damit Geld verdienen, wenn man mehr produziert, als man verbraucht. Aber wichtiger ist, dass das moralische Energiesparen aus der Zeit der fossilen Energie vorbei ist. Es wird so viel produziert, dass wir nicht mehr sparsam mit Strom umgehen müssen – er ist im Überfluss vorhanden. Auch deshalb, weil wir gelernt haben, dass wir mit weniger auskommen können. An einem Abend mal nicht fernzusehen, ist überhaupt

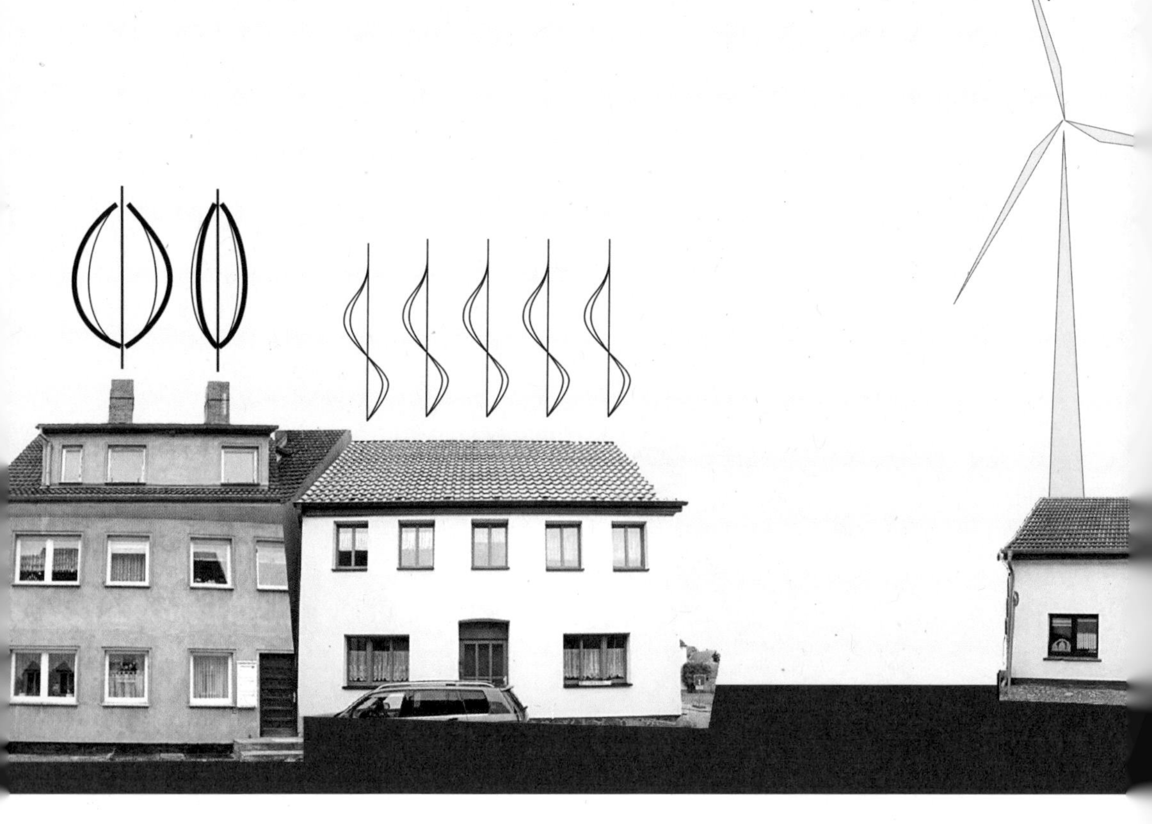

kein Problem, der Kühlschrank kann im Winter ausgeschaltet werden – ein Außenschrank ist im Winter vollkommen ausreichend. Und seit der Gaskrise 2022 ist es auch ganz normal, die Heizung niedriger zu stellen, den Ofen seltener anzumachen, dicke Pullover liegen voll im Trend. Natürlich gibt es auch Gegner*innen dieser kleinen Windräder, aber zum Glück nicht so viele wie in der Vergangenheit, als sogar Morddrohungen gegen Politiker*innen ausgesprochen wurden. Seitdem die Gesellschaft nicht mehr so extrem neoliberal ist, weil nicht mehr über die Köpfe der Menschen hinweg entschieden wird und weil Partizipation und Sicherheit in den Planungsprozessen im Vordergrund stehen, gibt es weniger Widerstand. Wir müssen uns nicht alle einig sein, um zusammenleben zu können, oder? Die Frau von nebenan ist zum Beispiel sehr nett, aber sie hält Schweine, womit ich als Veganer überhaupt nicht einverstanden bin. Aber sie kümmert sich gut um sie, die Tiere haben schon ein glückliches Leben bei ihr – es ist halt ein bisschen zu kurz ...
Und dort, etwas weiter die Straße hinunter, da wohnt jemand, der sein Haus komplett vom Stromnetz getrennt hat. Fernsehen, Radio, er macht alles über das Mobiltelefon, das verbraucht fast keinen Strom; ein kleiner Handkurbelgenerator ist ausreichend. Einen Kühlschrank hat er nicht, mit dem Drohnen-Supermarkt-Lieferservice braucht er den auch eigentlich nicht mehr. Fast wie damals in den 1950er Jahren, als, wie mir mein Großvater erzählte, der Bäcker, die Metzgerin und der Milchmann jeden Tag an die Tür kamen und meine Großmutter ihre Einkaufsliste für den nächsten Tag in ein kleines Büchlein eintrug, kommt jetzt jeden Tag die Gemüsedrohne und liefert die Bestellungen, die mit der Einkaufs-App aufgegeben wurden. Auch Milch wird hier jeden Tag wieder frisch ausgeliefert. Sie kommt aus dem Gebäude dort drüben. Da, siehst du, glückliche Kühe grasen dort im dritten Stock.

Autarkes Leben

15.08.2051 Post der erfolgreichen Influencerin L.

323K

30.661

682.337

..., in dem eine Gemeindebeamtin (GB) von einer neuen Wohnform in Tribsees erzählt.

Wir sehen den Flächennutzungsplan auf ihrem Computerbildschirm.

GB: Wir haben von der Finanz- und der Inflationskrise gelernt und einen neuen Flächennutzungsplan entwickelt. Nicht mit zu teuren Häusern für die Bevölkerung mit festen Arbeitsplätzen, sondern sehr einfache Hütten, für Menschen, die nicht im neoliberalen Komfortmodell leben können oder wollen. Die Häuser haben recht großzügige Grundstücke – wie Schrebergärten, in denen man sein eigenes Essen anbauen kann – und einen Keller, um die Ernte zu lagern. Ein System zur Regenwassernutzung liefert Wasser zum Duschen. Das System reguliert die Wassermenge so, dass auch Trockenperioden gut überbrückt werden. Eine Komposttoilette ersetzt die Kanalisation und liefert Kompost für den Garten. Strom kommt aus den lokalen Windrädern und aus dem Blockheizkraftwerk im Keller. Ein kleiner Allzweckbrenner mit Nachbrenner sorgt für die Gemütlichkeit im Wohnzimmer. Natürlich gibt es in der Nachbarschaft keine öffentlichen Parkplätze und keine öffentliche Beleuchtung oder Spielplätze mit solchen genormten Spielgeräten für Kinder. Das ganze sogenannte Komfortmodel mit seinen Tausenden überflüssigen Regeln ist der Eigenverantwortung einer jeden Person gewichen. Es gibt ein Wegerecht für angrenzende Nachbargrundstücke und daneben eine Reihe von Regeln, die die Menschen selbst untereinander festlegen. Im Falle von Meinungsverschiedenheiten wird die Angelegenheit der Zumutbarkeitsjury vorgelegt.
Es handelt sich um erschließungsfreie Häuser. Der Verkauf von Grundstücken erfolgte zu fairen Preisen, Spekulationen waren aufgrund der überraschenden Standortwahl ausgeschlossen. Die

Häuser wurden auf Moorland gebaut, weil sie eine landwirtschaftliche Funktion haben sollten; Landwirtschaft in kleinem Maßstab auf dem Hof, um die Bioläden in der Region mit lokalen Produkten zu versorgen. Es gab eine unerwartete große Nachfrage nach diesen einfachen Häusern.

Szenenwechsel: Wir sehen Fr. D. H. (FDH), die die entschlossene Kehrtwende in ihrem Leben schildert.

FDH: Nein, ich werde mich nicht beschweren. Ich habe mein Leben wieder in den Griff bekommen. Das war vor ein paar Jahren noch anders. So viele Hühner, wie ich in meinem Leben geschlachtet habe, kann man gar nicht für möglich halten. Ich musste es tun, ich brauchte den Job im Schlachthaus, um meine Hypothek abzubezahlen, um die Kita zu bezahlen. Jeden Monat sind fast 2000 Euro einfach verpufft ... und dann die Kosten für die Versicherung, für Essen und Trinken, die wurden nicht gerade niedriger!
Letztendlich waren es die Energiekosten, die so hoch waren, dass es so nicht mehr ging. Gute Erreichbarkeit war einer der Gründe, warum ich mein damaliges Haus gekauft hatte. Aber das war vor der Ölkrise 2022. Die hohe Qualität der öffentlichen Verkehrsmittel, die uns beim Kauf eines Hauses in der Siedlung versprochen worden war, war eine Lüge – es gab nur gelegentlich einen Stadtbus.
L: Und das wurde als Qualität verkauft?
FDH: Genau, ich habe also mein Leben radikal verändert. Ich habe meinen Job gekündigt, das sogenannte Nachhaltige-Siedlung-Haus verkauft. Zum Glück noch kurz bevor die Inflationswelle richtig losging. In Tribsees stieß ich auf dieses sehr kleine Häuschen. Ohne unnötigen Luxus, ganz einfach. Aber sehr umweltbewusst. Ein zusätzlicher Ofen im Wohnzimmer, in dem ich abends ein Stück Torf verbrenne. Diese Heizung ist an das Heizkraftwerk angeschlossen, das auch Strom liefert. Wirklich sehr umweltfreundlich und sauber. Jedes Frühjahr tausche ich etwas Torf gegen Eier mit meinem Nachbarn die Straße runter. Ich verwende Eier aus traditioneller Freilandhaltung. Wie in den alten Zeiten, in denen alles noch „nachhaltig“ und „ökologisch“ hieß. Ich habe zufriedene Hühner, sie laufen frei auf dem Hof herum, führen das möglichst artgerechte Leben eines gezüchteten Haushuhns. Jedes Jahr, wenn wegen der Vogelgrippe wieder die Stallpflicht kommt, bringe ich sie in den grünen Hühnerschrank, dort sind sie sicher. Und ja, gelegentlich bringe ich einen Hahn zum Nachbarn. Er hat ein chinesisches Restaurant, dort drüben. Er schlachtet immer noch selbst, sodass man wenigstens weiß, was man isst.

Papenstraße

Papenstraße 13

Colors from Tribsees Silvia Corral Fernández

Sehr farbenfroh gestaltete Silvia diese Wand, ohne Angst vor großen freien Flächen.

FREILUFT-
MUSEUM
TRIBSEES

FREILUFT-
MUSEUM
TRIBSEES

Papenstraße 13

Mitmachstadt Weiqi Wang

Zwei Wochen lang baute die Künstlerin Weiqi Wang zusammen mit Tribseeser Kindern eine Stadt aus alten Backsteinen. Sie überlegten sich ihre Wünsche und gestalteten diese aus dem vorhandenen Bauschrott. Eine Stadt voller Ideen der Zukunft entstand. Nach dem Workshop machten die Kinder in ihren Blaumännern weiter, besorgten

sich Backsteine und Lehm aus den kaputten Häusern nebenan und bauten: ein Schwimmbad, einen Tierhof, ein Kino, ein Theater, einen Luftballonflughafen, einen Bahnhof und all das, was eine Kleinstadt heutzutage so braucht. Frei nach der Punkband Palais Schaumburg: „Wir bauen eine neue Stadt. Gibst du mir Wasser, rühr ich den Kalk!"

Wie die Menschen zu wohnen haben

Der Leerstand in vielen Kleinstädten und Dörfern bedroht das soziale Leben. Geschäfte schließen, Vereine lösen sich auf, zu wenig Kinder gehen in die Schulen. Ein Phänomen, auf das man nicht nur in Mecklenburg-Vorpommern stößt, es lässt sich auf der ganzen Welt beobachten. In Tribsees manifestiert es sich in einer heftigen Form. Schon vor der Wende gab es hier verlassene Häuser. Sie standen unbeachtet herum und jetzt, über 30 Jahre später, sind sie baufällig und kaputt. Undichte Dachrinnen oder eingestürzte Dächer haben dazu geführt, dass die Natur den von den Menschen eingenommenen Raum langsam zurückerobert. In manchen Häusern ist sogar ein ganzer kleiner Birkenwald, als Pioniervegetation, herangewachsen. Von einigen Häusern zeugen nur noch Schutthaufen, manchmal sind auch diese schon entsorgt und mit Parkplätzen oder anonymen Rasenflächen ausradiert.

Schrumpfende Städte

Die Atmosphäre in so einer Lebenswelt verschlechtert sich und gerät in einen Teufelskreis. In der internationalen Untersuchung *Schrumpfende Städte* schreibt Jörg Dürrschmidt: „Euphorien über stadtplanerische Innovationsformeln [...] sind [...] fehl am Platze, solange nicht gesehen wird, dass auch lebensweltliche Brachlandschaften zum Problem gehören, die nicht ohne weiteres ‚umgeschichtet', ‚zurückgebaut' oder ‚rekolonisiert' werden können. Für den alltagsweltlichen Diskurs stellt sich das scheinbar kalkulierbare ‚Gesundschrumpfen' eher als ein unkalkulierbarer Identitäts- und Sinnverlust dar. Jeder Abriss ist nicht nur Bereinigung von Leerstand, sondern immer auch eine Lücke im wesentlich durch Raumbilder getragenen ‚kollektiven Gedächtnis' der (noch) Dagebliebenen."[1] Auch in Tribsees schwärmen viele der verbliebenen Bewohner*innen gerne von einer Zeit, in der die Stadt noch belebt und die Straßen noch voll waren, wo das Leben sich öffentlich abspielte und Nachbar*innen einander auf der Straße begegneten. „Es gab mal sieben Tanzhäuser in der Karl-Marx-Straße", erzählte uns der Nachbar Herr Casper mehrmals. Er kannte sie alle, zeigte uns Bilder aus seinem privaten Stadtarchiv, in dem jedes Haus beschrieben ist. Eine Sehnsucht nach sozialem Miteinander ist spürbar.

Ulf Matthiesen formuliert einige einschlägige Entwicklungstendenzen: „Den krisengeschüttelten Klein- und Mittelzentren fehlen damit [durch hohe Arbeitslosigkeit und starken Kompetenzmangel, TM] zunehmend die Voraussetzungen, kritische Entwicklungsmassen zu bilden, die Stadträume stabilisieren und Kompetenzen an die Region binden könnten.

1 Jörg Dürrschmidt: „Schrumpfung in den Köpfen", in: Philipp Oswalt (Hg.): Schrumpfende Städte. Band 1: Internationale Untersuchung, Ostfildern-Ruit: Hatje Cantz, 2004, S. 274–279, hier: S. 274.

Damit droht [...] die Verfestigung einer wissensgesellschaftlichen Kompetenzfalle. [...] Unter dem durch Brain-Drain verschärften Krisendruck neigen lokale Netze dazu, sich abzuschotten. [...] Das Resultat sind Netze, die für das Anschieben von Innovationsdynamiken längerfristig lokal nicht viel bringen, sondern hauptsächlich der eigenen Interessenmaximierung zuarbeiten" – eine „[d]egenerative Abschottung".[2] Allerdings hat sich der Mobilitätsradius durch die sich weiterentwickelnde Globalisierung und Mobilisierung in den letzten Jahrzehnten noch einmal vergrößert, sodass Tribsees sich mittlerweile fast zum Vorort von Rostock gemausert hat. Um arbeiten zu können, fahren die Einwohner*innen bis nach Rostock. Ein Teil der Jugend, der sich einst, sobald der Führerschein gemacht war, aus dem Staub gemacht hat, hat mittlerweile eine Familie gegründet und zieht es immerhin in Erwägung, nach Tribsees zurückzukehren – oder kommt tatsächlich zurück, zieht dann allerdings nicht unbedingt in eine Altbauwohnung in der maroden Innenstadt, sondern vielmehr in die Neubausiedlungen rundherum.

Sich mit kreativen Milieus schmücken

In vielen Großstädten sind es Künstler*innen und Alternative, die, auf der Suche nach günstigen Ateliers und Wohnräumen, in Häuser ziehen, die denen in Wittenburg, Gottsbüren oder Tribsees ähneln. In der Publikation *Dorf machen* habe ich die Prä-Gentrifizierung wie folgt beschrieben: „Es ist genau diese Schicht in unserer Gesellschaft, die in dem Möglichkeitssinn lebt, in dieser Utopie, die die Wirklichkeit nicht scheut, aber als Erfindung behandelt. In Gottsbüren sind allerdings die ‚Alternativen', wie sie in Kassel oder Berlin existieren, marginal und haben nicht die Mindeststärke, um eine Szene zu formieren. Es gibt wohlwollend gezählt einen Künstler, einige Freigeister – und die wenigen kleinen Läden, die es noch gibt, kämpfen ums Überleben. Die Bevölkerung ist relativ alt. Die Jungen verschwinden aus Gottsbüren, machen sich auf die Suche nach Arbeit, sobald sie einen Führerschein haben."[3]
Eine Standortpolitik, wie der Ökonom Richard Florida sie in seinem 2002 erschienenen Bestseller *The Rise of the Creative Class* definiert, bei der sich Städte mit kreativen Milieus schmücken, um ein investitionsfreundliches Image zu

2 Ulf Matthiesen: „Abgewandert. Humankapital in Ostdeutschland", in: Philipp Oswalt (Hg.): Schrumpfende Städte. Band 1: Internationale Untersuchung, Ostfildern-Ruit: Hatje Cantz, 2004, S. 172–173, hier: S. 173.

3 Ton Matton: „Prä-Gentrifizierung", in: Ton Matton (Hg.): Dorf machen. Improvisationen zur sozialen Wiederbelebung, Berlin: jovis, 2017, S. 76.

kreieren, könnte neue Investor*innen anziehen.[4] Investor*innen mit Geld und Wirklichkeitssinn aber auch Investor*innen mit sozialer Energie und Möglichkeitssinn. Gentrifizierung – in mancher Großstadt als negative Entwicklung bekämpft und von Christoph Twickel als Teil einer Maschinerie kritisiert –,[5] die die Teilhabe an der Stadt über Geld und Herkunft regelt, könnte in einer ländlichen und „gemütlichen" Form genau das richtige Konzept für Mecklenburg-Vorpommern sein. Die Pionier*innen, Studierenden, Künstler*innen, die Bohemiens und die Alternativkultur sind, laut Twickel, das Schmiermittel der politischen Klasse, der Bauwirtschaft, der Immobilienfonds, der Banken und Investor*innen. Im ländlichen Raum sind diese Pionier*innen und die politische Klasse sehr nah beieinander. Für eine spezifische Emanzipation fehlt auf dem Land schlichtweg die Masse an Gleichgesinnten. Hier kann man nicht, wie in einer Metropole, im engen Biotop seiner eigenen Bubble untertauchen, weil dieses Biotop nicht existiert.

Respekt

Auf dem Land ist man auf mehr als nur auf seine eigene Szene angewiesen.[6] Die von Großstädter*innen oft kritisierte soziale Kontrolle heißt auf dem Land Respekt. Man ist aufeinander angewiesen, auch wenn man nicht den gleichen Lebensstil pflegt. Die Einwohner*innen sind heute überwiegend ältere Personen aus der gleichen bürgerlichen Schicht. Sie formen dadurch – manchmal nicht bewusst – eine Schwelle. Also könnte Gentrifizierung hilfreich sein, um ihre Identität, um ihre Beliebtheit wieder anzukurbeln. Man könnte in einem Trendy Pragmatism sagen, dass die Dörfer und Kleinstädte eine Prä-Gentrifizierung brauchen, womit erst die Künstler*innen und Alternativen angezogen werden, die leeren Häuser neu zu entdecken, um dann, wenn es richtig anzieht, von den globalen Unternehmen wieder verdrängt zu werden. Obwohl sich auch hier einiges geändert hat: Man kann sagen, dass die Unterschiede nicht mehr so prägnant sind wie noch vor einige Jahrzehnten. Mit Elektrizität, Fernsehen, Auto, Handy und schnellerer Internetverbindung ähnelt das Leben auf dem Land immer mehr dem Leben in der Großstadt. Die traditionellen Arbeitsverhältnisse sind verschwunden, immer mehr Arbeit findet hinter dem Bildschirm statt;

4 Vgl. Richard Florida: The Rise of the Creative Class, New York: Basic Books, 2002.
5 Siehe Christoph Twickel: Gentrifidingsbums oder Eine Stadt für alle, Hamburg: Edition Nautilus, 2010.
6 Vgl. Ton Matton (Hg.): Dorf machen. Improvisationen zur sozialen Wiederbelebung, Berlin: jovis, 2017, o. S. (Blog des Professors, 20. Juni 2015 – 8.00 Uhr).

sowohl der Büroangestellte als auch die Bäuerin in ihrem Traktor werden von der Arbeit am Rechner begleitet. Brot kommt aus der Fabrik, Milch vom industrialisierten Bauernhof. Das Land ist urbanisiert. Heute isst man auf dem Dorf das gleiche Supermarktessen wie in der Stadt, wohnt in der gleichen IKEA-Einrichtung, schaut die gleichen Netflix-Serien und Fernsehprogramme, kauft im gleichen Webshop ein und – wie auch in der Stadt – hat man, Facebook sei Dank, das Gefühl, dass woanders mehr los ist. Auch dabei unterscheiden sich Stadt und Land nicht. Man ist vor Ort nicht mehr so stark aufeinander angewiesen, weil man viel stärker in den sozialen Medien unterwegs ist. Man kann nebeneinander Leben statt miteinander. Viele sind in ihrer eigenen parallelen Welt; in der Stadt wie auf dem Land.

Neue Erzählung

Auch Richard Florida kritisierte seine eigene Gentrifizierungstheorie und durchdachte sie noch mal neu.[7] Er erkannte, dass ein neues Narrativ entwickelt werden muss, bei dem es nicht nur um kreatives und innovatives Wachstum geht, sondern darum, dass Inklusion ein Teil des Wohlstands ist. Seine Formel hat sich als vorteilhaft für die ohnehin schon reiche, meist weiße Mittelschicht erwiesen; sie hat die zügellose Immobilienspekulation angeheizt, die von ihm so fetischisierte Boheme verdrängt und die Probleme, die einst die Innenstädte plagten, einfach in die Vororte abwandern lassen. Nach Jahren der Propaganda für Loftwohnungen und shabby-schicke Cafés sind Richard Floridas Augen für die Schattenseiten der Rückkehr in die Stadt geöffnet worden. *The New Urban Crisis* zeichnet ein düsteres Bild dessen, was er als „winner-take-all urbanism“ bezeichnet, und beschreibt den Aufstieg von „superstar cities“ wie New York, London und Tokio.[8] Auch in Tribsees ist dieser Gentrifizierungseffekt bereits spürbar. Noch während wir unsere Projekte und Aktionen umsetzten, stieg der Preis einiger Immobilien. Die Besitzer*innen erhofften sich eine größere Nachfrage und das spiegelte sich sofort im Preis wider.

Das Schlafzimmer, das Bad und die Küche

Klara Geywitz erwähnt in dem bereits genannten *Spiegel*-Interview[9] einige der Aufgaben, die in der nächsten

7 Oliver Wainwright: „‚Everything Is Gentrification Now‘: But Richard Florida Isn’t Sorry“ (2017), in: The Guardian, https://www.theguardian.com/cities/2017/oct/26/gentrification-richard-florida-interview-creative-class-new-urban-crisis (letzter Aufruf 17.2.2023).

8 Vgl. Richard Florida: The New Urban Crisis. How our Cities are Increasing Inequality, Deeping Segregation, and Failing the Middle Class – and what We Can Do about It, New York: Basic Books, 2017.

9 Interview von Sebastian Fischer, Henning Jauernig und Christian Teevs mit Klara Geywitz: „Bauministerin Geywitz über Sanierungspflicht von Immobilien. ‚Es wird nicht ohne Ordnungsrecht gehen, wenn wir die Klimaziele erreichen wollen‘“ (2022), in: Der Spiegel, Nr. 13, S. 30–33.

Zeit auf die Menschen zukommen: Der menschgemachte Anstieg von Treibhausgasen und der damit verbundene Klimawandel führten schon jetzt dazu, dass der Fleischkonsum aus Großbetrieben hinterfragt würde. Fahrzeuge, die mit fossilen Brennstoffen betrieben würden, sollten eingeschränkt werden. Der Raumbedarf pro Person solle wieder auf 25 statt 50 Quadratmeter, die eine Person jetzt im Durchschnitt bewohne, reduziert werden. Die am häufigsten genutzten Räume seien das Schlafzimmer, das Bad und die Küche. Den Bedarf von Wohnfläche pro Kopf zu verringern, habe viele Vorteile. Durch moderne Wohnkonzepte ließe sich zum Beispiel die Einsamkeit in den Städten bekämpfen. Die Ministerin stellt sich große innerstädtische Quartiere vor, mit kleineren Wohnungsgrundrissen und größeren oder mehr Gemeinschaftsflächen für alle. Die Politik könne und solle nicht vorschreiben, so die Ministerin, wie die Menschen zu wohnen haben.
Letzterem stimme ich allerdings nicht ganz zu. Die Politik schreibt bereits seit über 100 Jahren Gesetze, die das Wohnen der Menschen regeln. Es gibt zum Beispiel eine Norm, wie groß ein Fenster zu sein hat, damit genügend Licht und frische Luft die Wohnung durchfluten können. Es gibt Regeln, die genau formulieren, wie hoch und tief eine Treppenstufe sein sollte, damit man nicht fällt. Folgt man diesen Regeln nicht, bekommt man keine Baugenehmigung. Die Regeln beschränken einerseits die individuelle Freiheit – oder die abstrakte Freiheit, wie Hegel es formulierte –,[10] also die Fähigkeit, unabhängig von gesellschaftlichen Regeln und Normen zu tun, was man möchte. Das birgt auch die Möglichkeit, gelegentlich gegen diese Regeln und Normen zu verstoßen. Dafür dienen sie unserer gesellschaftlichen Freiheit – oder, laut Hegel, der konkreten Freiheit –, jener Freiheit, die von Regeln und Normen aufrechterhalten wird, damit Freiheit für alle möglich ist. Baut man also eine sehr steile Treppe oder verwendet eine Strickleiter, werden vielleicht mehr Menschen stürzen und ins Krankenhaus müssen als bei der genormten Treppe. Folglich ist eine Strickleiter in der Wohnung nicht erlaubt. Es scheint aber, als ob diese individuelle, abstrakte Freiheit nicht nur im Denken der Ministerin, sondern auch in unserer vehement individualistischer werdenden Gesellschaft überhandnimmt.

Verboten

Die Raumplanung hat sich in den letzten Jahrhunderten immer weiter spezialisiert und spezifiziert. Es fällt allerdings auf, dass mit Abstand die meisten Regeln als Verbote formuliert sind.[11] Sie verbieten deshalb so viel,

10 Siehe dazu „Erster Teil: Das abstrakte Recht" und „Dritter Teil: Die Sittlichkeit", in Georg Wilhelm Friedrich Hegel: Grundlinien der Philosophie des Rechts, Hamburg: Felix Meiner Verlag, 2017 [deutsche Originalausgabe: Berlin: Nicolaische Buchhandlung, 1820].
11 Ton Matton / Schie 2.0: *Regelland*, im Rahmen der Ausstellung *unlimited.nl-2* (Gastkurator: Hou Hanru), Galerie De Appel, Amsterdam 22.1.–21.3.1999.

weil das Mittelmaß zum Standard geworden ist. Es herrscht eine Angst vor Störungen, die Angst, dass eventuell etwas auftritt, was man nicht möchte: Lärm, Schmutz, Gefahr. Das führt dazu, dass immer mehr Verbote bestimmt werden, die zwar gesellschaftliche Freiheit zum Ziel haben, aber, weil die Angst, dass etwas Ungewolltes passieren könnte, vorherrscht, eher gesellschaftliche Einschränkung bewirken. Es braucht eine evolutionäre Planung, die auf sich verändernde gesellschaftliche Prozesse reagiert, weil in der globalisierten Welt die kleine Einheit immer wichtiger wird.
Die urbane Tradition hat seit der Moderne verschiedene Facetten: Wohngebiete, Industriegebiete, Verkehrsströme, Erholungsgebiete – alle sind strikt voneinander getrennt und mit einem umfangreichen Regelwerk ausgeschmückt, damit sie sich nicht gegenseitig behindern oder stören. Höhe und Platzierung der Gartenmauer zu den Nachbar*innen hin sind auf den Zentimeter genau diktiert. Es ist reglementiert, wie viel Rauch ein Grill verursachen und dass sich der Löwenzahn nicht auf den Nachbargarten ausbreiten darf. Mittlerweile ist alles so stark durchgeplant, dass kaum ein Windrad gebaut werden kann, weil die vielen Regeln den Raum wie bei einer Arterienverkalkung verstopfen.
Viele Architekt*innen und Technolog*innen glauben an diesen modernistischen Ansatz, der allerdings mit sich bringt, dass jede Lösung neue Probleme verursacht. Ein technischer Ausweg aus der Misere scheint besonders einfach, wie Berichte in den (sozialen) Medien verlauten lassen, wenn jede*r Einzelne nur ein kleines Stück seiner professionellen Verantwortung trägt. Aber solch ein eskapistisches Verhalten ist in einer globalisierten Welt nicht mehr möglich. Peter Sloterdijk sprach 2009 auf der Weltklimakonferenz in Kopenhagen Architekt*innen sein großes Vertrauen aus. Sie hätten die Lösungen für den Klimawandel bereits in ihren Schubladen. LinkedIn und Instagram geben einen guten Einblick in das, was Architekt*innen in ihren Schubladen haben. Leider muss ich Sloterdijk widersprechen: In diesen Schubladen befinden sich in der Tat viele Lösungen. Gebäude aus Holz und Lehm mit extra isolierendem Glas, intelligenten Energierückgewinnungskonzepten, luftreinigenden Fassadenelementen, begrünten Dächern und Fassaden, Hochwasserschutzfassaden – es sind unzählige Lösungen für unzählige Probleme. Die Lösungen sind jedoch fast immer singulär, während die Probleme integral sind. Ein Ökosystem hängt von vielen Faktoren ab, die alle miteinander verbunden sind.
Der Versuch, diese Probleme mit technologischen Meisterleistungen separat zu lösen, klingt auf LinkedIn gut und sieht auf Instagram oft toll aus, bagatellisiert die Ursachen und Folgen des Klimawandels jedoch geradezu. All diese als „nachhaltig" bezeichnete Architektur trägt noch immer massiv zum Klimawandel bei. Das erinnert eher an das Greenwashing der großen multinationalen Konzerne: Da ist plötzlich ein Mineralöl- und Erdgasunternehmen nachhaltig, weil es

viel in Solar- und Windenergie investiert, aber inzwischen fließt mehr Öl als je zuvor. Ein Fast-Food-Konzern recycelt, aber holzt derweil immer noch den Amazonas-Regenwald ab, damit die Bald-Hamburger-Rinder grasen können; und ein Hotel ist heutzutage schon nachhaltig, weil es die Handtücher nicht jeden Tag wäscht. Es wird Zeit, wie Pedro Gadanho es schon beschrieben hat, die Architektur muss sich ändern, von der Zerstörerin zur Beiträgerin werden.[12]

Chaostheorie

Der Chaostheorie zufolge könnte der Flügelschlag eines Schmetterlings in Brasilien unter Umständen dazu in der Lage sein, einen Wirbelsturm in Texas hervorzurufen. Was würde das für unsere Architekt*innen bedeuten, wie könnten ihre Flügelschläge einen Wirbelsturm auslösen? Wir sprechen hier immerhin auch von sogenannten Stararchitekt*innen, die vorgeben, wie die globale Architektur aussieht. Was, wenn diese Stars ihre Vorbildrolle ernst nähmen? Ich stelle mir vor, wie Rem Koolhaas sein nächstes ikonisches Gebäude aus Bambus baut, den er selbst schon in den frühen 1970er Jahren in einem Schrebergarten im 37. Stock in einem *delirious* New Yorker Hochhaus angepflanzt hat. In seinem Büro würden sich alle Angestellten vegan ernähren und zu Fuß oder mit dem Fahrrad zur Arbeit kommen. Gekleidet wären sie in fair produzierte Outfits aus ökologischen Materialien (nicht in Schwarz, denn die Farbe, die für die uniforme Kleidung der Architekt*innen benötigt wird, verschmutzt das Grundwasser in den Produktionsländern zu sehr). Während der Fitnessstunde produzierten sie Energie, die ausreichen würde, um alle Rechner des Büros zu betreiben. Ab und an pflanzten sie neue Bambuswälder und pflegten sie für das nächste ikonische Projekt. Was würde dies bei seinen Nachfolger*innen und nachahmenden Büros bewirken? Die Welt würde anders aussehen ...
Greta Thunberg hat mit ihrem Flügelschlag einen Fridays-for-Future-Wirbelsturm entfacht. Die Forderung an die Regierungschef*innen, endlich das zu tun, was sie seit Jahren versprechen, nämlich den Klimawandel unter Kontrolle zu halten, kommt bei vielen Politiker*innen gut an, weil nicht ihre Rolle, ihre Fähigkeit infrage gestellt wird. Die Forderung lautet: Sie haben es versprochen, jetzt müssen Sie das Versprechen auch halten! Die Naivität dieser Forderung wird langsam sichtbar und die Debatte schärfer. Aus den unschuldigen Fridays for Future wird eine etwas härtere Form des zivilen Ungehorsams, wie die jüngsten Attacken von Extinction Rebellion zeigen, wenn Klimaaktivist*innen ihre Hände mit Sekundenkleber an Kunstwerken und Autobahnen festkleben, um gegen das Aussterben zu rebellieren.
Da alle multinationalen Unternehmen es sicherlich gut meinen und die Architekt*innen mit technischen Lösungen schon ihr Bestes geben,

12 Pedro Gadanho: Climax Change! How Architecture Must Transform in the Age of Ecological Emergency, New York/Barcelona: Actar Publishers, 2022.

setzt sich langsam die Erkenntnis durch, dass unsere Komfortstufe gesenkt werden muss. Die derzeitige Gaskrise hat bereits zu Vorschlägen geführt, die Heizung ein paar Grad herunterzudrehen und einen dicken Pullover anzuziehen. Schon in den 1990er Jahren veranschaulichten die Talking Heads in *(Nothing but) Flowers*, wie ökologische Gedanken die Gesellschaft verändern: Der große Parkplatz hat sich in eine friedliche Oase verwandelt, wo früher Pizza Hut war, wachsen jetzt Gänseblümchen. David Byrne sang davon, dass er sich einen Rasenmäher wünsche, weil er sich nicht an diesen Lebensstil gewöhnen könne: „Once there were parking lots. Now it's a peaceful oasis. [...] This was a Pizza Hut. Now it's all covered with daisies. [...] This was a discount store. Now it's turned into a cornfield. [...] Don't leave me stranded here. I can't get used to this lifestyle."[13]
Es geht mittlerweile nicht mehr um die Frage, ob wir diese Änderungen wollen, sondern um die Aufgabe, sie so zu gestalten, dass wir in ihr gedeihen können.

Verzicht

Aber an den Verzicht zu glauben, ist ebenso naiv. Seit der Gründung des Club of Rome und dessen mittlerweile über 50 Jahre alten Bericht *The Limit to Growth* wird im Kontext des ökologischen Denkens immer vom Verzichten gesprochen, vom Reduzieren. Reduzieren von Müll, Reduzieren von Energiekonsum, Reduzieren von Kohlenstoffdioxid.
Es wird rigoros moralisches Handeln gefordert. Aber das ist erstens nicht schön, zweitens nie genug, drittens steht es unserem natürlichen Entwicklungsverhalten entgegen und letztens – das haben wir mittlerweile längst bewiesen – funktioniert es nicht. Während des letzten halben Jahrhunderts hat sich unser Energiekonsum verdoppelt, unsere Müllproduktion ist sogar noch stärker angestiegen. Die Fläche der Wüste hat sich etwa verdoppelt, die Waldfläche hat sich etwa halbiert. Was wäre denn nun ein kluger Weg?
Jahrzehnte technologischer Entwicklungen zeigen ein breites Spektrum an Lösungen. Die unzumutbaren Hygienezustände vom Anfang des 20. Jahrhunderts wurden verbessert. Die Luftverschmutzung, die sauren Regen und Eutrophierung der Flüsse verursachte, wurde durch Feinstaubfilter in den Kaminen und Kläranlagen der Städte gemindert. Diese technologischen Erfolge haben scheinbar dazu geführt, dass die Technik nicht mehr als Werkzeug betrachtet wird, sondern selbst das Ziel geworden ist. In *Risikogesellschaft* schreibt der deutsche Soziologe Ulrich Beck, dass Geld nicht mehr ausreicht, um Sicherheit zu kaufen.[14] Wie Atomenergie und Terrorismus werden

13 Talking Heads: *(Nothing but) Flowers*, 1988, Warner Bros. Records Inc., Cover der Single.

14 Vgl. Ulrich Beck: Risikogesellschaft. Auf dem Weg in eine andere Moderne, Frankfurt am Main: Suhrkamp, 2022 [deutsche Originalausgabe: Frankfurt am Main: Suhrkamp, 1986].

auch die Klimawandeleffekte über die Grenzen des mit Geld Lösbaren hinausgehen. Keine Gated Community, keine ummauerte Stadt kann diese Probleme allein bewältigen. Bruno Latour weitet den Territoriumsbegriff auf alles aus, wovon wir abhängig sind, also inklusive aller damit zusammenhängenden Aspekte wie saubere Luft, Kohlenstoffdioxid, Grundwasser, saubere Böden.[15] Die Architektin baut also nicht nur auf einem Baugrundstück mit Versorgung durch Rohre und Kabel, sie soll auch bedenken (und dafür verantwortlich sein), welche Auswirkungen das Bauen auf die Luft, die Erde, das Wasser, das Klima, das Biotop und so weiter hat. Das betrifft das Baugrundstück genauso wie die Orte, von denen sie die Ressourcen bezieht. Das berühmte Sprichwort, das in der Zeit der ersten Wolkenkratzer für unbegrenzte Möglichkeiten stand, *The sky is the limit*, ändert sich zu *The sky is* the *limit* – die Möglichkeiten sind begrenzt!

15 Vgl. Bruno Latour: Das Parlament der Dinge. Für eine politische Ökologie, Frankfurt am Main: Suhrkamp, 2009 [französische Originalausgabe: Politiques de la nature, Paris: Éditions La Découverte & Syros, 1999].

IM BESTAND DENKEN

KLEINSTADT UND LEERSTAND ERFAHRBAR MACHEN

TRIBSEES STEHT MODELL

Wem gehören die Häuser, die Plätze und Straßen von Tribsees?

Foto: © Anna Weberberger

Papenstraße 13

Barmacy **Sebastian Dorfer & Tobias Leibetseder**

Aus altem Schrott bauten Sebastian und Tobias eine Bar für die Eröffnung der Centenniale. Mit Shots und Impfstempeln.

Katharinenberg

Katharinenberg

The Sun Was Here Tomiris Dmitrievskikh

Durch das Loch im Dach strahlt das Licht der untergehenden Sonne. Mit dieser Arbeit scheint Tomiris Dmitrievskikh den Tribseeser*innen ein wenig Hoffnung für ihre Stadt machen zu wollen. Oder geht es hier um Tribsees Untergang?

Papenstraße 13

Backsteinstadt MattonOffice: Paulus, Basti, Lilo & Anna

Zusammen mit dem Strukturförderverein Trebeltal e. V. bauten Studierende ein Model von Tribsees – zunächst aus Pappe –, wobei viele Geschichten und Anekdoten erzählt wurden. Dann baute Paulus das Model noch einmal aus Tribseeser Backsteinen und mit fluoreszierender Farbe als Ausstellungsarbeit für die Centenniale. Es gibt einen guten Überblick darüber, wie viel 70 leere Häuser eigentlich sind: Fast 30 Prozent der Gebäude stehen hier leer und zerfallen!

"Kiek in"

Tribsees` Zukunft

50
GRAND
HOTEL
Tribsees
ENERGY-SAVING
WATER-SAVING
DIY
FURNITURE RECYCLING

Karl-Marx-Straße 50

Grand Hotel Tribsees **MattonOffice: Chaz, Anna & Timur**

Aus alten Möbeln gestalteten wir in einigen leer stehenden Häusern ein DIY-Hotel. Die Zimmer dürfen sich alle Besucher*innen selbst einrichten. Die Badezimmer bestanden jeweils aus einer Kaffeekanne mit Schüsseln.

Klimawald

15.08.2044 Post der erfolgreichen Influencerin L.

219K

9.672

331.973

..., in dem die Initiative für ein Moorwald von Fr. D. B. (FDB) erläutert wird.

Wir sehen einen Holzschuppen. Davor ist ein Amphibientraktor im Moorwald geparkt. Wir hören die Stimme von L. aus dem Off.

L: Frau d. B. wohnt im Tribseeser Moor. Sie hat die Initiative ergriffen, dort einen Moorwald zu pflanzen. Direkt am Flughafen Rostock-Laage können in Deutschland lebende Reisende entweder online live einen Baum mit ihr pflanzen, den sie dann stellvertretend für die Reisenden versorgt. Oder die Reisenden bekommen die Stecklinge nach Hause geliefert, um sie im eigenen nassen Garten einzupflanzen. Durch diese Initiative ist das Phänomen der CO_2-Kompensation zu einem Aspekt der Raumplanung geworden.

Die Kamera verschafft uns einen Blick über die Landschaft. Wir sehen im Vordergrund Bäume in Blumentöpfen, im Hintergrund Wald. Es sind verschiedenste Arten von Bäumen zu erkennen, von Mooreiche bis Moorbanane ist alles dabei.

L: Ich frage mich, was die Person gedacht haben muss, die den letzten Baum auf der Osterinsel gefällt hat? Hat sie geahnt, dass damit auch die Kultur auf der Insel zerstört wurde?
FDB: Im Jahr 2025 habe ich meine Baumpflanzaktion gestartet. Ich habe in den Nachrichten gehört, dass Menschen zur CO_2-Kompensation ihrer Flugreisen Bäume in Zaire anpflanzen ließen. Jedoch wurden diese von armen Bauersleuten auf der verzweifelten Suche nach Ackerland 2 Jahre später bereits wieder gerodet. Jetzt habe ich selbst schon etwa 50.000 Bäume gepflanzt. Ich biete sie den Leuten an, die mit dem Flugzeug reisen und ihren Ablassbaum selbst wachsen sehen möchten. Nicht nur die Kompensation

von Kohlenstoffdioxid durch den Baum, sondern vor allem auch die CO_2-Speicherkapazität des Moors trägt viel dazu bei, den Klimawandel aufzuhalten. Mittlerweile ist eine enorme Menge an Moorwald bei Tribsees entstanden. Auch weil die Bebauungsregel eingeführt wurde, dass für jeden Hektar neu bepflanzte Moorfläche ein Haus für den Eigenbedarf in diesem Gebiet gebaut werden darf.

Szenenwechsel: Wir sehen einen Gemeindebeamten an seinem Schreibtisch.

L: Was hält das Bauamt von dieser Baumpflanzaktion?
GB: Die Gemeinde hat die Initiative von Frau D. B. aufgegriffen und im Rahmen eines Verfahrens nach Artikel 19 den Flächennutzungsplan für den Ortsrand umgestaltet. Der Grundsatz der Gleichheit ist nicht mehr zentral, sondern das Angemessenheitsprinzip. „Was ist angemessen?“, werden Sie sich fragen, aber das ist in der Gesetzgebung immer schwer zu bestimmen. Wir haben also eine Zumutbarkeitsjury eingesetzt. Eine lokale Jury, bestehend aus 13 Einwohner*innen von Tribsees. Diese Jury bewertet die Pläne und Anträge.
Schon seit 2028 darf jede Person, die 1 Hektar Moorwald pflanzt, in diesem Gebiet ein Haus bauen.
Dieser Hektar Moorwald wird von der Naturschutzbehörde betreut und gepflegt, 10 Prozent der Fläche, also 1000 Quadratmeter, dürfen mit einem Eigenheim bebaut werden.

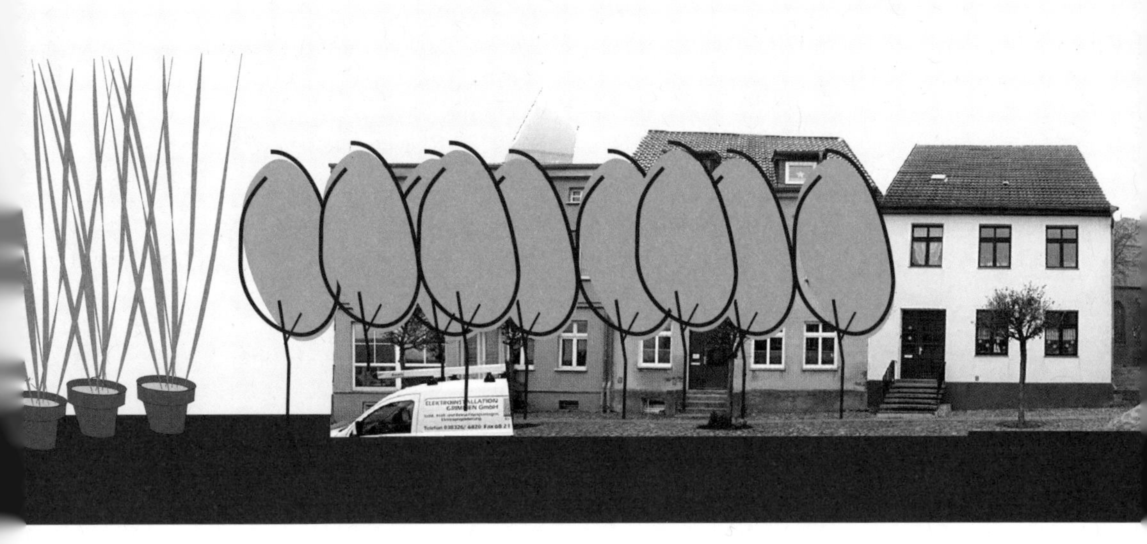

Karl-Marx-Straße

Tröte **MattonOffice & Herbert Winklehner (Metallwerkstatt Kunstuniversität Linz)**

In Anlehnung an die Beschwerdetröte aus Wittenburg, die es leider nicht mehr gibt, haben wir in Tribsees eine Komplimenttröte vor dem Rathaus installiert, damit die Bewohner*innen ihre Komplimente durch die Stadt schreien können. Sie wurde gerne genutzt, leider vor allem spätabends, weswegen die Tröte rasch wieder zugeklebt wurde.

Tribsees/Linz

Mehr Leuchtreklame

Studierende des Studiengangs space&design strategies

Über die Weihnachtszeit brachten die Lichtarbeiten einige Lichtblicke. Sie thematisierten Leerstand, Klischees und Möglichkeiten für Tribsees, basierend auf den Wünschen der Bewohner*innen.

Barth

Erica spricht **Silke Peters**

Meine letzte Zugfahrt: Umsteigen in Velgast. Die Dame mit dem Gehwagen steigt aus. Um. Ich habe sie schon in Stralsund auf dem Bahnsteig gesehen. Sie reist mit einem Kirschbaum im Transportkorb. Wir pflanzen Schattenbäume, jetzt als erstes Hochsommerereignis. Wir gießen. Wir schwitzen. Die Kastanien sind noch frisch und ohne den Mottenfraß, der schon vorhergesagt wurde in Loitz. Ich laufe nachts barfuß über den Devin. Sommer. Dämmerung mit Weißdorn. Ich esse ein paar Blüten von den Bäumen, die am Ufer stehen. Das Wasser ist gerade so nicht mehr kalt. Mein Haar bleicht schon aus. Barth schläft noch. Am Hafen wiegen sich die Boote in der Bucht. Jemand hat ein paar slawische Götter aufgestellt. Ein Viergesicht. Ich mache ein paar Fotos. Das Zifferblatt der Kirchturmuhr ist blau. Witzlav hatte ein Schloss. Bogislav auch. Vineta ist umkämpft. Aber ist es auch untergegangen? Bilder sind bekanntlich ein Getränk, das unseren Durst nicht stillt, sagt W. J. T. Mitchell. Die Plakatwand, an der noch nicht wieder geklebt wird, ist fast stumm, verwittert. An ihr lösen sich die Hauptsätze auf. Bardo ist prolabisch für eine kleine Erhöhung. Steckt im Ortsnamen von Barth, sagt Wikipedia. Sagt das Autorenkollektiv. Das ist der Zwischenraum zwischen den einfachen Sätzen. Irgendwo anfangen, irgendwo hinreisen. Im Garten sitzen und schauen. Den Durst entfachen,

bei mir, bei den anderen? Mein Auto ist silbern, wie die Dämmerung auf dem Devin, wie die verdunstende Horizontlinie bei Dierhagen. Wie die einzelne Robbe am Strand. Ich habe für euch kein Foto gemacht. Der Strand ist noch schütter besetzt von älteren Touristinnen. Ich fahre zurück und schlafe in der Gartenhütte. Die Rosen entfalten sich, duften nach Rosen? An der alten Kirsche beginnt ein Efeu zu steigen. Hellgrün. Mich rühren die staubigen Fußwege am Ufer. Wie sie schwingen, sanft und endlos. Da ist der Platz, um noch einmal in den Fluss zu springen, wie in eine Taufe. Tauchen. In Loitz, in Tribsees oder bei Tressentin. Da sind sich die Flüsse gleich. Ich habe mir ein Kanu gebaut. Aus leichtem Holz und einer Haut. Die unwägbare andere Seite aber nicht erreicht. Wenn ich die Rosenbüsche an den Straßen berühre, sind sie noch tropfnass vom Gewitter, das heute morgen über der Stadt war. Die Schreibmaschine erinnert sich langsam wieder an jeden einzelnen Buchstaben. An Dora Aßmann. Sie ist registriert. Wer kennt Dora Aßmann? Ihre Meldedaten verlöschen sicher auf dem brüchigen Papier. Irgendwer spricht: Es ist Erika. Wir rennen um die Wette. Der Morgenstern blinkt

abends. Es regnet Nägel und Balken auf die kleine Stadt. Die tiefen Decken bersten. Schutt. Brandbalken. Der Fluss schnaubt sich die Seerosen aus den Nüstern. Märchenzeit. Es war einmal. Eine Lichtung. Ein Hügel am Fluss. Eine Burg. Ein sicherer Ort. Dicht gedrängt piepsen die Häuserküken. Immer betrete ich die Stadt durch das Mühlentor. Durch den Mahlbezirk gehe ich hinein. Circe. Die vielen Müller in den Märchen. Die Altäre. Die Zisterzienser finden Anschluss mit fließendem Wasser. Nix oder Nikolaus werden in den Dienst genommen. Heute ist überall ein versicherter Ort. Reißendes Hochwasser. Vor den Toren der Stadt wohnt die schöne Müllerin. Die Mühle mahlt vielstimmig. Die Hopfenschlinge leert den Wunschbriefkasten. Das Chthonische, das unbeherrschbare Wuchern ist über die Stadtmauern gelangt. Irrlichtert durch die Gassen. Wie der Feuerdrache, der manchmal um Mitternacht gesichtet wird. Das Drinnen und Draußen genügt nicht mehr als Kategorie. Herr Himmelreich baut die Gerüste, die Jakobsleitern, die Podeste an den einstürzenden Fassaden entlang. Stille Post. Wir suchen nach dem Spruch. Thomas liegt über den Toren, über den Torheiten der Stadt. Werdet Vorübergehende, sagt das Logion 42. Die Rosen fallen in Kaskaden auf den Weg, betäubt von sich selbst, röcheln. Es gibt zeichenhaft leere Rankgerüste. Es gibt einen Rosenhunger. Es gibt einen Weinberg an der Südmauer. Feigenbäume werfen Schatten. Wir kriechen durch den Schutt der Tage. Durch die Dinge. Sie verwittern. In der Sommerluft ist alles schön, glitzert. Die Farben sind auf eine Art gesättigt. Tribsees ist ein Fass ohne Boden. Eine Art Wurmloch auf die andere Seite.

Karl-Marx-Straße 80

Lichtdiebin Vro Birkner

Die aus Stahl geschweißten Kameras haben einen großen Blickwinkel und die lange Belichtungszeit gibt den Bildern eine gewisse romantische Atmosphäre, die gut zu den zerfallenen Häusern passt.

Slow Urban Planning

Wie können wir Stadtplanung in unserer Gesellschaft neu definieren? Es sollte nicht um maximale Gewinne für Projektentwickler*innen, nicht um maximale Macht für Politiker*innen, nicht um maximale Freiheit für Individuen gehen. Das Schaffen von konkreten Freiheiten für die Gesellschaft sollte das Ziel sein. Es muss keine Blaupause für eine neue Zukunft her. Wir können unser Raumordnungsverfahren weiterhin nutzen und auf raumplanerischer Ebene versuchen, Ansätze und Denkanstöße für eine träge Stadtplanung, für ein Slow Urban Planning, zu formulieren.
Irgendwie sollte Ministerin Geywitz schon vorschreiben, wie die Menschen zu wohnen haben, und ein Regelwerk verfassen, das unerwünschte Entwicklungen verhindert und erwünschte Möglichkeiten eröffnet – das mit dem Licht und der frischen Luft hatte damals ja auch schon gut geklappt. Werden wir doch gleich mal konkret: Möchte man zum Beispiel die Kohlenstoffdioxidbilanz verbessern, könnte man vorschreiben, dass jede Person, die ein Haus in Tribsees bauen möchte, auf dem Grundstück einen Baum pflanzen und diesen versorgen muss; oder sogar einen ganzen Wald, mit einer Lichtung, auf der dann ein kleines Haus entstehen darf. Da wir, wie auch Ministerin Geywitz sagt, unseren Fleischkonsum aus den Großbetrieben verringern und Massentierhaltung entgegenwirken sollten, sollten wir vorschreiben, dass jede Person, die ein Haus in Tribsees bauen möchte, Platz für fünf glückliche Hühner und einen Hahn oder für zwei ebenso glückliche Freilandschweine bereitstellen sollte. (Nicht falsch verstehen: Es geht nicht um die Einhaltung der europäischen Gesetze und Auflagen für Freilandhaltung, die sich wirtschaftlichen Zwecken unterordnen, sondern tatsächlich um das Wohl der Tiere.) Um dann noch den fossilen Energieverbrauch verringern und für mehr nachhaltige Energie zu sorgen, wäre es Vorschrift, auf dem Grundstück ein Windrad zu bauen, vielleicht sogar eins, in dem man wohnen kann. Genehmigt würde dieses aber nur, wenn auch die Stadt an die Stromversorgung angeschlossen ist. Den Raumbedarf von 50 auf 25 Quadratmeter zu halbieren, wie die Ministerin vorschlägt, ist auf dem Land allerdings nicht notwendig, gerade da sollte man den Überschuss an Platz feiern.
Das klingt vielleicht erst einmal ideologisch und extrem. Aber in Saarlouis zum Beispiel verschenkte die Stadt im Herbst 2022 bis zu drei Bäume an interessierte Einwohner*innen und finanzierte sogar die fachgerechte Anpflanzung. Im Gegenzug verpflichteten sich die Grundstückseigentümer*innen, ihren Baum gerade in den ersten Jahren regelmäßig zu bewässern und ihn dauerhaft zu erhalten.[1]

1 Vgl. Joachim Göres: „Bäume zu verschenken“, in: Süddeutsche Zeitung, 3./4.9.2022, S. 42.

Es lässt sich also offensichtlich organisieren, Bäume zu verschenken. Das ist ein erster Schritt. Das Baumpflanzen zur Pflicht zu machen, ist nicht einfach, das ist vollkommen klar, aber innerhalb eines heterotopischen Versuchs könnte man damit anfangen.

Refugium T. Tribsees

Tribsees ließe sich als eine Art Refugium ausbauen, eine heterotopische Insel, auf der man innerhalb der Stadtmauer, hinter den Türmen, ungestört von neoliberaler Hektik und frei von Schuld ein träges Leben führen könnte: das Refugium T. Tribsees, frei nach Arne Næss.[2]
Eben weil so viele Brachflächen in Tribsees vorhanden sind, könnte man gewissermaßen Tabula rasa machen. Nicht im Sinne des Leerfegens der ganzen Innenstadt, um mit einer modernistischen Blaupause ein neues Shoppingzentrum zu bauen, sondern ein eher moralisches Tabula rasa, das das Entstehen eines Orts innerhalb der Stadtmauer ermöglicht, an dem globale Probleme auf lokaler Ebene eliminiert sind.

Hypermodernität

Die träge Stadtplanung in Tribsees wäre ein paralleler Städtebau, eine Suche in der Hypermodernität des Kleinstadtlebens, die Suche nach einer entspannteren und verantwortungsbewussteren Lebensform. Eine Stadt, in der man in einer Atmosphäre leben würde, in der Zeit, Raum und Aktion noch synchronisiert wären. Die träge Stadtplanung sollte die Grundqualitäten fürs Leben sichern. Das bedeutet nicht, in einen nostalgischen Traditionalismus verfallen zu müssen, sondern nach dem zu forschen, was in der Vergangenheit gut war – und sich dies für die heutige globale Welt zunutze zu machen. Gemeint ist nicht das Schaffen eines technologischen Utopia. Die Richtung liegt in einer hypermodernistischen Forschung, die zeigt, welche Elemente aus der Geschichte sich auf unsere heutige Gesellschaft übertragen lassen, um diese dann mit neuen Technologien zu kombinieren. Die möglichen Lösungen sollten sich im Umfeld von regionaler Authentizität finden lassen. Kohlenstoffdioxidneutrale, nachhaltige Energieproduktion, saubere Wasserversorgung, Wertstoffrecycling, alles fair trade, alles bio, keine Sklaven- oder Kinderarbeit: Das sind die Ziele, die man in einer trägen Stadtplanung erreichen möchte.

2 Frei nach Tiefenökologe Arne Næss: „Ecosophy T", in: Ecology, Community and Lifestyle, Cambridge: Cambridge University Press, 2009, DOI: 10.1017/CBO9780511525599 [englische Originalausgabe: Cambridge: Cambridge University Press, 1989].

Broad Welfare

Die träge Stadtplanung könnte auf dem Broad-Welfare-Modell[3] basieren. Es beinhaltet eine fruchtvolle Symbiose zwischen materiellem Wohlstand, egalitärer Chancengleichheit für alle und guten Lebenskonditionen, heute und in der Zukunft. Dies führt zu mehr Wohlbefinden in der Gesellschaft.
In einem Broad-Welfare-Modell werden beispielsweise alle Aspekte berücksichtig, die beim Produzieren und Konsumieren eines Produkts wichtig sind wie Energiebedarf, Müllrecycling, Schadstoffausstoß, Transport etc., aber auch die sozialen Aspekte wie faire Löhne, gesunde Arbeitsbedingungen, Möglichkeiten zur individuellen Weiterentwicklung. Die paretianische Wohlfahrtstheorie stützt sich auf reproduzierbare Güter und Konsum, die nicht reproduzierbaren Güter wie Kunst, Landschaft und saubere Luft werden nicht berücksichtigt. Eine umfassende, breiter aufgestellte Wohlfahrtstheorie berücksichtigt all dies[4] und rückt damit in die Nähe des latourschen Territoriums. Auf einem urbanen Niveau ist die Implementierung einer solchen moralischen Wirtschaft eine komplexe Angelegenheit. Aber genau diese moralische Wirtschaft kann Menschen und Betriebe anziehen, die ihren bewussten Lebensstil zeigen möchten.

Überlebenspaket

In *Der Mann ohne Eigenschaften* formuliert Robert Musil: „Wenn es Wirklichkeitssinn gibt, und niemand wird bezweifeln, dass er seine Daseinsberechtigung hat, dann muss es auch etwas geben, das man Möglichkeitssinn nennen kann. [...] So ließe sich der Möglichkeitssinn geradezu als die Fähigkeit definieren, alles, was ebenso gut sein könnte, zu denken und das, was ist, nicht wichtiger zu nehmen als das, was nicht ist."[5] Stadtplaner*innen oder Politiker*innen mit Wirklichkeitssinn verlassen sich oft noch immer auf den modernistischen Glauben, dass Technologie die Welt retten könne. Aber nicht nur die schrumpfenden Regionen zeigen, dass dieser Ansatz nicht länger funktioniert. Wir verbrauchen mehr als die eine Erde zulässt, am 4. Mai 2022 hatte Deutschland seine ökologischen Ressourcen für dieses Jahr bereits verbraucht. Wir können nicht einfach so weitermachen wie bisher. Mit dem uns heute zur Verfügung stehenden Wissen wäre das kriminell. Die bundesweite Informationskampagne zur Selbsthilfe im Katastrophenfall vom Bundesamt für Bevölkerungsschutz und Katastrophenhilfe (BBK) „Für alle Fälle

3 MattonOffice für OMA/AMO 2010, siehe Ton Matton: „Produktion von Wohlbefinden. Ein träger Entwicklungsplan für die Côte d'Azür", in: Ton Matton: Zweifel. Performative Stadtplanung in 13 Vorträgen, Berlin: jovis, 2019, S. 52–61.

4 Siehe Arnold Heertje: Echte economie. Een verhandeling over schaarste en welvaart en over het geloof in leermeesters en lernen, Nijmegen: Valkhof Pers, 2006.

5 Robert Musil: Der Mann ohne Eigenschaften. Band 1. Erstes und Zweites Buch, hg. v. Adolf Frisé, Reinbek: Rowohlt, 2014 [deutsche Originalausgabe: Berlin: Rowohlt, 1930–1934], S. 16.

vorbereitet“ setzt auf eine individuelle Vorsorge. Ziel der Kampagne ist es, die Bevölkerung für die Themen Selbstschutz und Selbsthilfe zu sensibilisieren, das Risikobewusstsein in der Bevölkerung zu erhöhen und über konkrete Vorsorge- und Verhaltensempfehlungen zu einer größeren Resilienz der Bevölkerung beizutragen. Dies war vor 70 Jahren im kapitalistischen Rheinlandmodell eine gesellschaftliche Aufgabe, gestutzt auf politische Ziele. In der heutigen neoliberalen Gesellschaft sind wir scheinbar auf uns selbst angewiesen. Und genau da knüpft die träge Stadtplanung an.

Tribsees/Linz

Noch mehr Leuchtreklame **Studierende des Studiengangs space&design strategies**

Die wenigen Sonnenstunden in Nordeuropa reichten kaum (wenn überhaupt), um die solarbetriebenen Lichtbilder der Linzer Studierenden zum Strahlen zu bringen.

Hof-Hochhaus

13.09.2048 Post der erfolgreichen Influencerin L.

 196K  8.557  98.922

..., in dem ein Projektentwickler (PE) von einer neuen Wohnform in Tribsees erzählt.

Wir sehen, wie die Kamera dem Projektentwickler bei einem Spaziergang durch Tribsees folgt.

PE: Ich erinnere mich noch gut daran, dass ich während meines Studiums in den 70er Jahren des letzten Jahrhunderts gelernt habe, dass Geld immer an erster Stelle kommt. Der Wohnungsbau musste nicht mehr möglichst kostengünstig sein wie vorher, als selbst die Liberalen noch eine soziale Seite hatten, er musste vor allem viel Gewinn abwerfen. Glücklicherweise hat sich das geändert, und wir haben hier in Tribsees festgestellt, dass gutes Wohnen durchaus auch zu einem erfüllten Leben beiträgt. Also haben wir dieses Hochhaus entwickelt, bei dem mehrere Einfamilienhäuser des populären Typs EW58 aus der ehemaligen DDR übereinandergestapelt werden. Es ist eine ländliche Version des städtischen Hochhauses mit kleinen grünen Balkonen. Hier wird nicht nur das Haus, sondern das gesamte Gelände, inklusive Garten und Hof, gestapelt. Die Idee stammt von einer Illustration aus den frühen 1900er Jahren eines gewissen Herr Walker, die in einer amerikanischen Zeitung veröffentlicht wurde. Die Menschen können auf ihrem Stockwerk gärtnern und sich so selbst

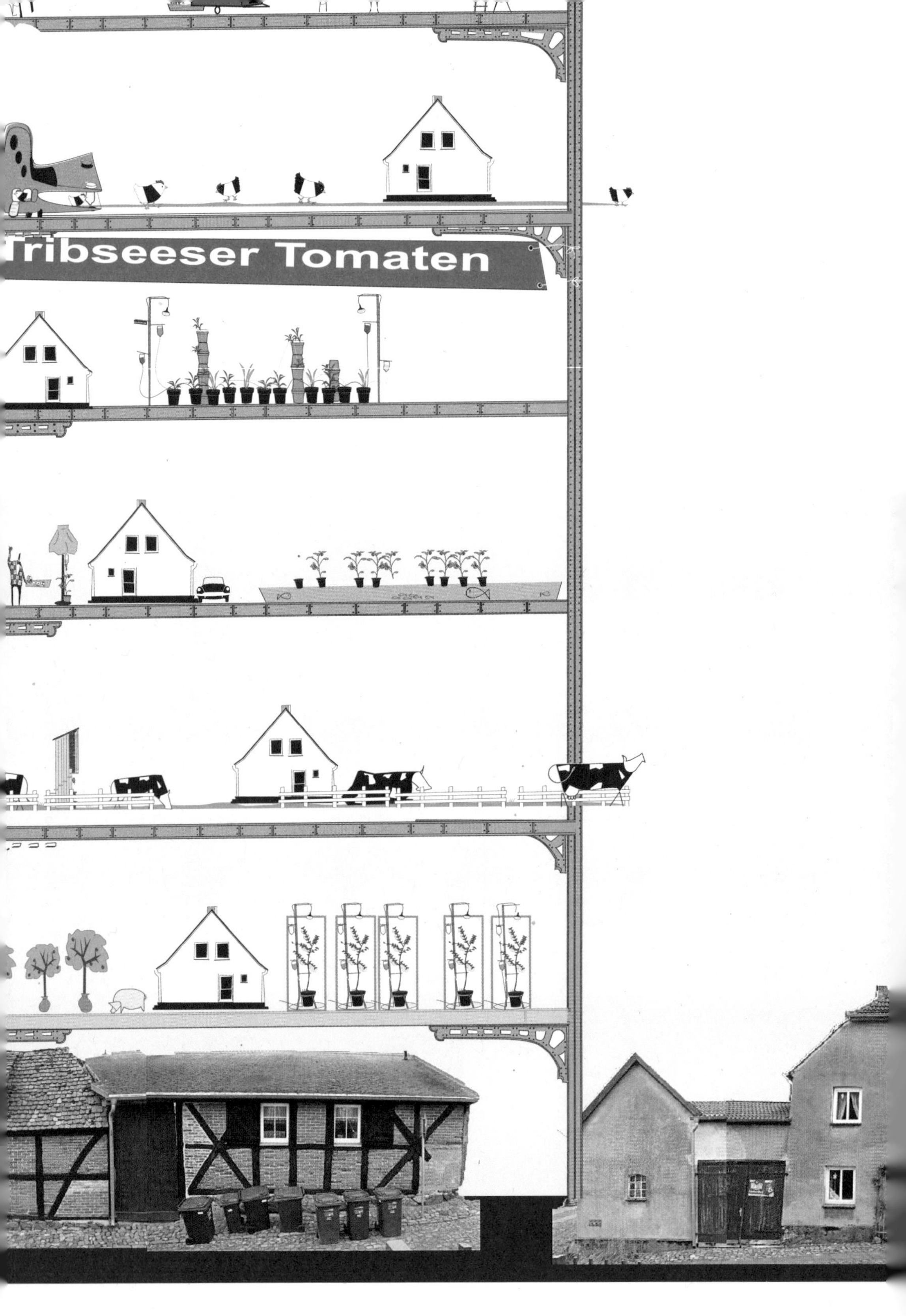
Tribseeser Tomaten

versorgen. Was in der Vergangenheit gut war, kleinteilig, umweltfreundlich, nachhaltig, wird hier in eine zeitgemäße Gebäudeform integriert. Nach Jahren der Kritik am Neoliberalismus ist es erfreulich, dass der soziale Aspekt wieder stärker in den Vordergrund rückt. Hier ist Tribsees nun Vorreiterin und Beispielprojekt für viele Kommunen.

L: Wünschen Sie sich die DDR zurück?

PE: Niemals, nein. Aber dass man sein eigenes Haus bauen kann, nicht auf einen Schlag mit vielen Schulden bei der Bank, sondern einfach Schritt für Schritt, mit den eigenen Händen bauen, das ist enorm befriedigend. Schauen Sie mal da, im vierten Stock, da werden Tomaten angebaut. Und die Abfälle werden zur Fischzucht im dritten Stock, direkt darunter, weitergegeben – also nach der Aquaponik-Methode. Im sechsten Stock gibt es Schweine. Die fressen alle Essensreste der Nachbar*innen aus den anderen Stockwerken. Frische Eier werden im fünften Stock angeboten, wo glückliche Hühner herumscharren, mit einem herrlichen Blick über die Kleinstadt. Die Häuser sind weitgehend autark. Der Strom kommt aus dem lokalen Windpark, das Wasser wird recycelt und der Abfall wiederverwendet.

Die Besitzerin der Kühe hat nun auch damit begonnen, Frischkäse herzustellen. Wenn Sie Glück haben, lädt sie Sie auf einen Kaffee ein, der sehr gut schmeckt, mit echter Milch und nicht mit dem übermäßig süßen Hafergetränk, das überall in der Großstadt angeboten wird.

Karl-Marx-Straße 69

Tanzhaus Isabel Kufner

Geprägt von den Covid-19-Schutzmaßnahmen gestaltete Isabel Kufner das Solo-Tanzhaus in der zerfallenen Durchfahrt des leer stehenden Hauses.

Karl-Marx-Straße 69

Landroute **Chaz Gervais**

Quer durchs Land, von Rostock nach Stralsund, von Schwerin nach Greifswald radelte Chaz Gervais mit seinem Fahrrad und verteilte Aufkleber, mit denen er die Strecken bewarb. Alle seine Fahrradrouten führten durch Tribsees – in der Hoffnung, genug Fahrradfahrer*innen nach Tribsees zu locken, die dann im neu eröffneten Café einkehren und damit dessen Erhalt unterstützen.

Kunstuniversität Linz

Tribseeser Haus in Linz **Symposium space&design strategies mit Christopher Dell, Rianne Makkink, Xian Zheng**

In der allgemeinen Abbruchsatmosphäre wurde die Bedeutung von Improvisation und Möglichkeitsdenken nicht nur für eine Kleinstadt wie Tribsees, sondern auch für den Unterricht an einer Kunstuniversität debattiert. Hinter

einem Rednerpult aus Tribseeser Backsteinen hielt Ton Matton seinen Austrittsvortrag aus dem Fenster der space&design-strategies-Räume der Kunstuniversität Linz. Anschließend wurde das Archiv von 7 Jahren Unterricht geschreddert und mit einer Konfettikanone auf den Hof gepustet.

Seniorenresidenz Tribsees

11.04.2062 Post der erfolgreichen Influencerin L.

236K 11.783 103.447

..., in dem eine Bewohnerin (ST) von ihrem Leben in der Seniorenresidenz Tribsees erzählt.

Wir sehen ST am Frühstückstisch im Restaurant sitzen, wo sie ein Bauernfrühstück mit Rührei und hausgemachter Marmelade verspeist und dazu ein kleines Gläschen Rotkäppchen-Sekt genießt.

L: Das sieht gut aus! Essen Sie hier jeden Tag?
ST: Immer mittwochs und freitags. Es gibt noch drei andere Kantinen, in die ich gehe, die gehören auch zur Residenz. Es schmeckt echt gut. Alles, was man hier bestellt, ist in Tribsees hergestellt. Nicht nur die Marmelade und die Eier, auch das Geschirr ist aus Tribsees, wir haben eine lange Töpfertradition. Siehst du die kleinen roten Flecken? Das sind die alten zermahlenen Backsteine aus den damals zerfallenen Häusern.
L: Sie essen also von Ihren Häusern?
ST: Haha, ja, so könnte man das sagen. Damals haben Künstler*innen und der Töpferverein zusammen ein eigenes Geschirr entwickelt, das aus den überflüssig gewordenen Backsteinen hergestellt wurde. Das hat sich zu einer Erfolgsgeschichte entwickelt. Viele der damaligen Einwohner*innen töpferten aus Leidenschaft und haben so Stück für Stück die alten Bruchbuden weggetöpfert. Und weil in der Stadt eine Seniorenresidenz

entwickelt wurde, konnten alle alten Einwohner*innen hier wohnen bleiben und ihr Wissen über das Geschirr und dessen Herstellung an die folgenden Generationen weitergeben.
L: Wohnen denn noch viele Personen von damals hier?
ST: Oh ja. Weil eine ganze Menge der leeren Häuser, also bestimmt 35 Stück, verstreut über die Innenstadt, zur Seniorenresidenz entwickelt wurden, war es sehr gut möglich, auch im hohen Alter hier zu bleiben. Nicht in der Hektik der Großstadt wohnen zu müssen, nur weil es dort ein Krankenhaus gibt, das ist schon schön. Es gibt verschiedene Kantinen, ein Kino, das Billiardcafé und – natürlich – gepflegtes Wohnen. Alles in nächster Umgebung. Man könnte sagen, wie in einem Pflegeheim, aber eben verteilt über die gesamte Innenstadt. Mit ärztlicher Versorgung, Pflegediensten, Freizeitprogramm und Einkaufsmöglichkeiten. Ich wohne so selbstständig, wie ich es mir immer gewünscht habe, kann allerdings die Pflege, die ich brauche, maßgeschneidert in Anspruch nehmen … und ab und zu ein Sekt beim Frühstück, wie schön kann das Leben sein. Prost!

9 Nordmauerstraße

Grand
HOTEL
Tribsees
★★★★★
Wellness & SPA DIY

Nordmauerstraße

Wellness im Hotel Tribsees MattonOffice

Direkt am Ufer konnte man die Solardusche benutzen – im DIY-Spa des Grand Hotel Tribsees. Mit Wasser aus der Trebel, von der Sonne erwärmt (wenn diese denn schien) oder eben kalt.

Wasserwanderrastplatz

Ich kann deine Zukunft sehen! Bernadette La Hengst

Ich hab' nichts in Berlin verloren, mein Herz hängt zwischen deinen Toren, / Du bist mein Heim und spätes Glück, die Liebe auf den zweiten Blick. / In den Freiluftgalerien / Ist Platz für deine Utopien, das Trebel Café gibt es schon, für alle die hier gerne wohn'!

Tribsees, Tribsees, ich kann deine Zukunft sehen, / Bald wirst, bald wirst du nicht mehr so leer rumstehen, denn / Tribsees, Tribsees, bevor du vom Wind verwehst, / Halte ich dich fest, denn ich kann deine Zukunft sehen: Tribsees!

Ein Salsa Kurs mit Tangotanz, / Weltoffenheit und Eleganz, / Ein Büchercafé in der Stadt, / Mit Lesungen, auch mal auf Platt, / Repair Cafés für jung und alt, / Mit Omas Kräutern aus dem Wald, / Wir tauschen Handarbeiten aus, / Und Fensterhäkeln jedes Haus.

Tribsees, Tribsees, ich kann deine Zukunft sehen ...

Leere Häuser klein und groß, sind bald nicht mehr seelenlos, / Familien mit Kind und Hund, komm'n aus Rostock und Stralsund, / Wir wollen Nachbarn, die hier leben und nicht nur ihr Geld anlegen, / Wir sind Tribsees' Kapital und unsre Zukunft ist schon da: / Ich kann sie sehen ... sehen ... Ich kann sie sehen ... sehen ... / Ich kann sie sehen ... sehen ... Ich kann sie sehen ... Tribsees!

(Für die Dörfer ringsherum, werden wir zum Stadtzentrum, / Restaurants und Ateliers, und ein Kinderparadies, / Eine Brücke übers Moor, kommt und singt mit uns im Chor):

Tribsees, Tribsees, ich kann deine Zukunft sehen, / Bald wirst, bald wirst du nicht mehr so leer rumstehen, denn / Tribsees, Tribsees, bevor du vom Wind verwehst, / Halte ich dich fest, denn ich kann deine Zukunft sehen: Tribsees!

In dem von Bauer Rohlfing aus Strohballen gebauten Theater sang Bernadette La Hengst mit dem Tribsees-Zukunft-Chor den Hit „Ich kann deine Zukunft sehen!“

Nordmauerstraße

Bar Hotel Tribsees Jey Roesner

Der Garten der ehemaligen Kneipe Kiek In wurde zur Bar und zum Frühstücksraum des Grand Hotel Tribsees. Betreut von Jey Roesner gab es zu jeder Uhrzeit etwas zu essen und zu trinken in einer lockeren Atmosphäre.

Knochenhauerstraße

Tribsees/Linz

Und noch mehr Leuchtreklame **Studierende des Studiengangs space&design strategies**

Herzliche Einladung zur

TRIBSEESER CENTENNIALE

24.Juni bis 29. August 2021

ZWISCHEN DEN TOREN

mit lokalen und internationalen KünstlerInnen,
Raum-und DesignStrategInnen,
allen Gästen und den Tribseeser BürgerInnen

VERNISSAGE

am 24. Juni ab 17:00
mit
Minister Pegel &
ındische Botschaft (eingeladen)
und
Bürgermeister & Professor
und
ünstlerInnen & StudentInnen
und
nprovisations-Jazz-Musiker
ɔpher Dell & Theo Jürgensmann

KINO

am 23.Juni
ab Sonnenuntergang

MIDISSAGE

22.Juli bis 25.Juli
mit

Campingtafel

am 24. Juli 15:00
mit dem Motorsportverein Touristik Tribsees
Wohnmobilie sind Willkommen!
und

Tango zum Vollmond

am 24. Juli 20:00
mit den Tangogruppen der Region
Tänzer herbeispaziert!
und

Freilichtkino

am 23.Juli 22:00
mit Tribsees lädt zu Tisch
Stühle, Popcorn und Getränke bitte selbst mitbringen!

HERZLICHE EINLADUNG ZUR

FINISSAGE

DER TRIBSEESER CENTENNIALE
26.AUGUST BIS 28.AUGUST

internationalen KünstlerInnen, Raum-und Design
allen Gästen und den Tribseeser BürgerInnen

Tribseeser Chor

mit Bernadette LaHengst
Konzert am 28.August 18:00
am Wasserwanderrastplatz

Bulli-Tour durch MV

Liedermacherin Barbara Thalheim
und Mathias Greffrath
„In welcher Gesellschaft wollen wir leben?
Reden wir drüber."

Kaffeetafel

mit dem Tribseeser Frauenverein
am 28. August 14:00
Zwischen den Toren

Grafittikunst zum selber machen

26. bis 28. August Zwischen den Toren
Farbe und Fläche werden gestellt
Preisverleihung mit Verwirklichung

Ute Gallmeister

mit dem Archäologischen Museum
Karl-Marx-Straße 09

Susanne Gabler

REPARATUREN AM HAUS
Knochenhauerstraße 23, 24

Knochenhauerstraße

Haus umsiedeln **MattonOffice: Ton, Sofie, Paulus, Chaz, Yue & Anna**

Wenn die Studierenden nicht nach Tribsees dürfen, bringen wir Tribsees nach Linz: Mit diesem Satz begann die Idee des Haus-Umsiedelns. Ein kaputtes Haus wurde mit einem Lkw nach Linz transportiert. Ton hatte bereits 2008 das DDR-Haus vom Typ EW58 von Mecklenburg-Vorpommern nach Almere umgesiedelt und dadurch Erfahrungen mit einer solchen Umsiedlung gesammelt. Hunderte Backsteine, kaputte Fenster, Regenrinnen, Stromkabel und Holzbalken, auf Paletten gepackt, verursachten wegen der Statik des Unigebäudes große Sorgen beim Hausmeister. Am Ende hat alles wunderbar geklappt und die Studierenden, die es nicht nach Tribsees geschafft hatten, konnten mit dem Material ihre Semesterprojekte gestalten.

Knochenhauerstraße

Erzählfaden **Susanne Gabler mit Marlene Adam, Brigitte Blodow, Sonja Gruse, Marianne Freuer, Rita Monka, Regina Quade, Sigrid Ratz & Helga Rudolph**

In der kleinen Stadt an der Trebel läuft ein Jahr lang das große Projekt „Tribsees' Zukunft machen". Im Rahmen dieses Projekts ist in Tribsees bereits so einiges passiert, unter anderem auch mein Projekt „REPARATUREN AM HAUS". Dafür fuhr ich als Künstlerin nach Tribsees, ließ den Ort auf mich wirken und sprach mit den Tribseeser*innen. Bis zu 70 Häuser sind zerfallen, in einer ansonsten aber gut (?) erhaltenen städtischen Struktur. Die hieran nachvollziehbare Vergangenheit des Ortes ist Schatz und Schmerz zugleich.
Ich finde es schön inmitten dieser Strukturen, frage mich allerdings: warum? Weil ich alte Zeiten erkenne, weil ich manches aus meinen eigenen frühen Zeiten wiedersehe und weil ich vieles hier verstehe. Die Ruhe und Übersichtlichkeit dieser vergessenen Stadt übertragen sich auf mich und ich finde meine Konzentration. Der Leerstand ist herzzerreißend, die Ruinen sind anziehend. Es sind die vielen kleinen Strukturen, die mich ganz dicht an die Fassaden, Türen und Fenster locken. Was braucht Tribsees? Reparierte Häuser? Ich repariere sehr gern. Allerdings habe ich dafür bisher nur eine Technik zur Verfügung: Ich nähe. Dann nähe ich also ein Haus! Das war eine sehr naheliegende Idee, denn ich fand den schönsten Riss Tribsees. Den werde ich vernähen, so schön, wie man einen Riss im Haus nur nähen kann. Goldene Befestigungen, goldene Nägel und das Nähgarn muss

Knochenhauerstraße

zart sein und eine hübsche Farbe haben. Eine Farbe, die zu Tribsees passt und zu meinem Gefühl an diesem Ort – altrosa. Jetzt nähe ich ein Haus. Nähe einen Riss im Haus wie eine Wunde am Körper. Darin liegt mein ganzes Mitgefühl, genauso wie meine vollständige Hochachtung für Tribsees, seine Strukturen und die Menschen dort. Vielleicht haben die Frauen das gespürt. Drei – Siegried, Gitti und Marlene – trafen sich mit mir und wir entschieden, gemeinsam zu reparieren. Auf einem Spaziergang fanden wir zwei sehr geeignete Häuser, die zusammen zerfielen – „auf einer Mauer stehend“, wie die frühere Besitzerin mir erklärte. Siegried, Marlene und Gitti gehören zum Frauenverein Tribsees e. V. und in ihre Vereinsräume war ich zwei Wochen später eingeladen. An diesem Tag saßen mir nun 15 Frauen gegenüber und acht von ihnen nahmen mir viele Rollen meines altrosa Häkelgarns

ab. Wir besprachen mein Konzept: Die Frauen zeigen die Kunst ihrer Handarbeit in allen Facetten. Um die Ästhetik der unendlichen Anordnungen und Kombinationen von Maschen, Luftmaschen und Stäbchen zu zeigen, braucht es nur ein Material, in einer Farbe. Mit meinem altrosa Garn waren wir alle einverstanden. Das Kunsthandwerk der Frauen ist ihre Tradition. Ihre Tradition hat einen hohen Wert. Dieses Wertvolle an den zerfallenden Häusern anzubringen, verdeutlicht den Wert dieser Häuser und der Stadtstruktur. Helga webt Ziegelsteine, denn sie sind verrottet an manchen Ecken. Nun wird am Haus gehäkelt, genäht und gewebt in altrosa. In einem Interview betonte Gitte mit korrektivem Zeigefinger: „Wir sind keine Glaser. Wir sind Häklerinnen und Weberinnen." Ich mag die Arbeit mit den Frauen. Sie bringen heißen Kaffee mit, einen Tisch, selbstgebackene

Kuchen und Polsterstühle. Wir sitzen zusammen, sie häkeln und ich nähe. Dabei zeigen sie mir, wie man das zarte Garn kordelt und wie ich eine einfache Luftmasche häkle. Natürlich erfahre ich den neuesten Tratsch genauso wie viel Interessantes über Tribsees. Wir verbinden uns im direkten haptischen Sinn miteinander, ich mich mit Tribsees, die Traditionen der Tribseeserinnen mit ihrer Stadt und die Vergangenheit mit der Zukunft. Ich wünsche mir, dass jede und jeder diesen Wert in unseren REPARATUREN erkennt.

Karl-Marx-Straße

From Here to „Here“ Yue Hu

Das Projekt „From Here to ‚Here‘ – Interaction of artistic practice and society“ befasst sich mit der zunehmenden Kluft zwischen sozialen Gruppen. Diese verstärkt die Entfremdung zwischen Menschen, zwischen Menschen und Orten sowie zwischen Menschen und der Gesellschaft im Ganzen – und wirkt sich somit auch auf die Kreativität von Künstler*innen aus, welche zunehmend die Rolle ihrer künstlerischen Praxis für die Bewältigung sozialer Probleme aus den Augen verlieren.

Als Teil ihrer PhD-Arbeit war Yue Hu einige Wochen in Tribsees und drehte dort einen Kurzfilm. Einige Stills aus dem Film wurden in diese Publikation aufgenommen. Man sieht, wie das Wort „Here“, das sie mit Wasser und Pinsel auf den Boden geschrieben hat, langsam verdunstet. Sie verweist damit auf die chinesische Tradition, propagandistische Sprüche an die Wand zu malen. Ähnliche Arbeiten machte sie unter anderem in Dong Men Kou, einem Dorf in China, in Wien und Schanghai.

HERE

Träger Bebauungsplan

Was entstehen kann, ist ein Modell, in dem Einwohner*innen improvisierend versuchen, ein verantwortliches Leben aufzubauen. Ein evolutionärer Prozess, bei dem Wachstum auf ein historisches Entstehen der Kleinstädte zurückgreift, Schritt für Schritt. Natürlich wird die Auswirkung an jedem Ort unterschiedlich sein – manchmal ein großer Erfolg, manchmal ein Flopp. Genau diese Extreme sind das Ziel einer trägen Stadtplanung, als Gegengewicht zur auf Sicherheit basierenden Mittelmäßigkeit der komfortablen Vorstädte. Ob bei der Ernährung, der Energieversorgung, dem Wasserhaushalt, dem Gesundheitswesen, bei Arbeit oder Wohnungsbau, in der trägen Stadtplanung in Tribsees können Bürger*innen ihren individuellen Platz finden, um mit ihren Wünschen und Ideen alternative Antworten auf Fragen zu diesen Themen zu gestalten. Ziel ist es, gerade die Unterschiedlichkeit im Angebot von Aktivitäten zu generieren. Das muss nicht unbedingt im kleinen Maßstab verbleiben, aber aus einem lokalen Prozess heraus Stück für Stück entstehen.

Zumutbar

Mithilfe der trägen Stadtplanung ändert sich der Grundgedanke von Gleichheit in einen Grundgedanken von individuellen, lokalen Möglichkeiten und Verantwortungen. Die Befürchtung, dass das, was genehmigt wird, für alle Gültigkeit haben muss, basiert auf einer gerechten Verteilung für den durchschnittlichen Mensch, ohne Extreme, ohne Störung. In einer trägen Stadtplanung ist der Grundsatz der Zumutbarkeit das Ziel. Eine demokratische Jury sollte darüber urteilen, was die Bauanträge für das direkte Umfeld beitragen, in negativem und positivem Sinn. Vertreter*innen der lokalen Regierung, aber auch direkt betroffene Einwohner*innen haben in der Zumutbarkeitsjury Platz. Sie beurteilen die eingereichten Vorschläge. Individuelle Bauvorhaben werden nur genehmigt, wenn die Initiator*innen einen Plan vorlegen, der den politischen Zielen und den damit verknüpften Voraussetzungen entspricht. Diese können je Grundstück unterschiedlich sein, müssen aber immer auf einer Broad Welfare Economy gründen.
Es geht nicht darum, ein Recht auf „Gleichheit“ infrage zu stellen. Eher sollen auf alle globalen Probleme der heutigen Zeit ortsspezifische, lokale, individuelle, maßgeschneiderte Antworten gefunden werden, die dem Territorium entsprechen.
Diese (Neu-)Interpretation des Stadtplanerberufs erhält durch einen Vorschlag wie diesen neuen Auftrieb, vielleicht sogar einen neuen Stolz. Mit ihrem Wissen über die Stadtentwicklung können Stadtplaner*innen statt der ausführenden Rolle erneut die (soziale) Beraterfunktion gegenüber der Politik wahrnehmen. In einer Stadt geht es letztendlich nicht nur um Gebäude und Straßen, sondern auch um Menschen.

Territorium

Die bestehenden Regeln und Vorschriften sind in den letzten Jahrhunderten gewachsen und basieren auf dem lokalen Bauplatz als Territorium, mit

modernistischen Aspekten wie Wohnen, Arbeiten, Mobilität, Erholung sowie der Erreichbarkeit und den Distanzen dazwischen. Aber unser Territorium hat sich enorm erweitert. Die Versorgung von einem Bauplatz mit sauberem Wasser ist nicht mehr nur eine Frage eines Wasserrohrs mit Zähler. Die Frage weitet sich aus: Wie sauber ist das Grundwasser? Damit wird die Belastung des Grundwassers durch Nitrate aus der Landwirtschaft ein Teil des Baugrundstücks – auch wenn dieses nicht direkt in diesem landwirtschaftlichen Bereich liegt. Auch saubere Luft gehört zum Grundstück – und damit die Kohlenstoffdioxid-Debatte. Bei der wöchentlichen Müllabfuhr geht es nicht nur um Mülltrennung – auch das Plastik im Ozean gehört innerhalb dieses globalisierten Territoriumdenkens genauso dazu, wie unser ganzes Konsumverhalten. Bruno Latour beschreibt in *Das terrestrische Manifest*, wie alle wissenschaftlichen, wirtschaftlichen oder politischen Disziplinen sich auf ihre eigenen Argumentationen von Nachhaltigkeit stützen.[1] Einzelne Disziplinen stellten Regeln auf, um ein bestimmtes Problem zu lösen, ohne eine umfassendere Betrachtung. Aber die Globalisierung der Welt bringt auch Verantwortung mit, nicht nur die Vorteile eines Weltmarkts, sondern auch eine Inklusion des globalen Territoriums: die Bewohnbarkeit der Erde.
Mit unserem modernistischen Denken muss Schluss sein, es braucht eine breitere Basis, auf der wir unsere Gesellschaft definieren und planen; interdisziplinär, auf Wohlfahrtsverteilung und Produktion. Eine Ökologisierung, wie Latour behauptet, in der Aspekte aus verschiedensten Wahrheiten, wie Politik, Wissenschaft, Religion und Fiktion, zusammengebracht werden. Die Stadtplanung sollte dabei eine mehr anthropologische Position einnehmen.

Influencerin

Eine träge Stadtplanung könnte neue Regeln aus so einem ganzheitlicheren Ansatz hervorbringen. Vielleicht ist es an der erfolgreichen Influencerin L., die als Teenagerin den ganzen Prozess in Tribsees miterlebt, mitgelebt, ja, sogar mitgestaltet hat, in der Zukunft als Bürgermeisterin von Tribsees eine träge Stadtplanung zu gestalten und die Stadt in eine Produktion des Wohlbefindens zu bringen. Das zunächst begrenzte Gebiet Tribsees würde ein pragmatisches Herangehen ermöglichen. Eine träge Stadtplanung würde neue Wege der nachhaltigen und fairen Entwicklung hervorbringen und zu Regelvorschlägen führen (siehe Seite 147), die die Bürgermeisterin L. mit der Zumutbarkeitssjury besprechen, verändern, ergänzen und beschließen würde, bis wiederum neue Erkenntnisse, Anpassungen und Änderungen verlangt würden.

1 Vgl. Bruno Latour: Das terrestrische Manifest, Berlin: Suhrkamp Verlag, 2018 [französische Originalausgabe: Où atterrir? Comment s'orienter en politique, Paris: La Découverte, 2017].

Welt-Ranking der Klimastädte
Ganz nebenbei könnte mit der Schaffung eines solchen moralischen Ziels, Tribsees in einem Welt-Ranking der Klimastädte aufsteigen. Um zum „ökologischsten“ Ort der Welt zu werden, muss man nur das eine Thema finden, das mit „öko“ zu tun hat und noch nicht abgedeckt ist, oder ein bereits besetztes Thema übernehmen und in dem Bereich führend werden: Wie Kopenhagen die Hauptstadt der Fahrräder ist und Masdar die Solarenergie-Hauptstadt, wie Curitiba der Öffentliche-Verkehrsmittel-Champion ist, so wird Tribsees zur Moral-Heterotopie. Das ist im professionellen Politikgeschäft ganz einfach eine Frage der Definition und des kreativen Kalküls (so, wie es auch drei weltweit führende Wasserfälle gibt, den höchsten, den breitesten, den mit dem meisten Wasser). Und es ist einfach clever, um wieder zu Burnham zurückzukommen, keine kleinen Pläne zu machen, sondern große. *Make no little plans. Make big plans.*

§127
Wer in Tribsees bauen will, soll Bio-Produkte essen.

§85
Jedes Haus braucht einen Komposthaufen.

§53
Auf jeder Parzelle dürfen glückliche Schweine in Freiland- und Biohaltung gehalten werden.

§29
Innerhalb der Stadtmauer dürfen nur Bio- und Fair-Trade-Produkte konsumiert werden.

§45
Plastik ist nur dann erlaubt, wenn eine Plastikwurmfarm in den Bau integriert ist, deren Wurmbewohner das Plastik zerlegen und fressen.

§7
Es darf gebaut werden, wenn über ein Jahr mehr Energie produziert als verbraucht wird.

§7.3
Der Energiebedarf des Baus soll innerhalb von 10 Jahren ausgeglichen werden.

§17
Das Abwasser soll auf dem Grundstück gereinigt werden und darf nur dann entsorgt werden, wenn es die Qualität des Grundwassers verbessert.

§74
Möchte man die Stadtmauer passieren, sollte man Fair-Trade-Klamotten tragen.

§96
Der*die Architekt*in des Hauses darf keine schwarzen Klamotten tragen, deren Farbstoff die Flüsse verschmutzt.

§86
Jedes neue Bauwerk soll einen Beitrag zu mehr sauberer Luft leisten.

§59
Auf jedem Grundstück sollte Lebensraum für verschiedene Tierarten geschaffen werden.

§61
Außerhalb der Stadtmauern darf nur gebaut werden, wenn 90 Prozent des Gartens als Moorwald renaturiert werden.

§57
Wer ein Elektroauto fahren möchte, muss einen Baum pro Jahr pflanzen und diesen selbst versorgen. Für einen Benziner oder ein Dieselauto fallen 10 Bäume pro 10.000 gefahrenen Kilometern an.

Karl-Marx-Straße 9

Archäologisches Museum Ute Gallmeister

Ute Gallmeister machte sich gemeinsam mit einigen Tribseeser*innen auf Spurensuche. Mit Hochdrucktechniken wurden viele Details festgehalten und im Archäologischen Museum gezeigt.

Linz/Wendorf/Tribsees

McTrebelBurger **Peiyan Zhang**

Aus altem Backstein zauberte Peiyan Zhang diesen McTrebelBurger, mit Wandtapete als Salat und Stromkabel als Zwiebel. Dieser wurde mit solch einer Begeisterung aufgenommen, dass Peiyan seine Semesterarbeit nutzte, um auch eine essbare Variante herzustellen – ein großer Erfolg bei den Tribseeser*innen!

Landesraumentwicklung

Experiment Tanja Blankenburg

Im Zuge der Erarbeitung des Landesraumentwicklungsprogramms 2016 hatten wir in Mecklenburg-Vorpommern eine neue Raumkategorie eingeführt, die „Ländlichen GestaltungsRäume". Damit wollten wir die besonders strukturschwachen Regionen des Landes identifizieren und dann durch besondere Maßnahmen in ihrer Entwicklung unterstützen. Dazu wurde ein Fonds für Vorhaben eingerichtet, mit denen den besonderen Herausforderungen dieser Regionen begegnet werden sollte. Über die Verwendung der Mittel entschied eine interministerielle Arbeitsgruppe, die vom Chef der Staatskanzlei geleitet wurde; die fachliche Begleitung erfolgte aber vorrangig durch ein Team der Landesentwicklung im damaligen Ministerium für Energie, Infrastruktur und Digitalisierung unter Leitung von Hermann Brinkmann, zu dem Claudia Meier und ich gehörten. Hinzu kam die interdisziplinäre und ressortübergreifende Abstimmung durch die Dialog-AG, in der engagierte Fachkolleg*innen aus den anderen Ressorts die Arbeit begleiteten und unterstützten.

Das Besondere an unserem Ansatz war, dass wir ausgetretene Pfade bewusst verlassen durften. Mit der Benennung der Raumkategorie sollte keine Augenwischerei betrieben werden, wie es manche unterstellten. Der Begriff Gestaltung war durchaus programmatisch gemeint, im Sinne eines kreativen, innovativen,

gestaltenden, experimentierenden Herangehens.
Es gehört zum Alltag von Verwaltungshandeln, dass sich nicht immer alle Ideen so realisieren lassen, wie man es sich manchmal wünscht. Die Nutzung öffentlicher Gelder wird durch Richtlinien, Verordnungen und Gesetze reglementiert. Förderprogramme verfolgen bestimmte Ziele und erfordern klar umrissene Voraussetzungen, in deren Logik sich so manches Projekt nicht fügen lässt. Den Fonds für die Ländlichen GestaltungsRäume haben wir deshalb so gestrickt, dass wir auch Vorhaben finanzieren können, die durch andere Förderinstrumente nur schwerlich zu unterstützen gewesen wären.
Diese Flexibilität erlaubte das Experiment, dessen Ergebnis sich auf den Seiten dieser Publikation findet.
Ich finde, es hat sich gelohnt. Die Aktion von Ton Matton und seiner Mitarbeiterin Sofie Wagner hat den Blick der Tribseeser*innen auf ihre Stadt verändert – sie vielleicht neue Potenziale und Möglichkeiten in ihrer Stadt entdecken lassen oder einfach nur eine neue Sichtweise erlaubt. Mit Mitwirkenden von außen haben sie die Stadt mit ihren künstlerischen Aktionen bereichert und für viel Medienaufmerksamkeit gesorgt. So wird der eine oder andere Auswärtige ebenfalls den Charme des Städtchens entdeckt haben.
Ich wünsche mir, dass die Bewohner*innen der Stadt und Menschen von außerhalb dadurch ermutigt wurden, in die Zukunft dieser Stadt – unter Erhalt ihres einzigartigen Charakters – zu investieren, sei es mit Ideen oder Finanzen. Auf das wir noch häufig auf den Straßen Tribsees' essen, singen, tanzen und miteinander feiern wie in den Monaten dieses gelungenen Experiments. Tribsees' Zukunft machen!

Tribsees/Linz

Das Gold von Tribsees MattonOffice & Pedram Feizbakhsh

Der Leerstand als Schatz betrachtet: Pedram entwarf verschiedenste Zukunftsszenarien für Tribsees.

Vielen Dank an

Herrn Zentner und den **Bauhof** für die willkommene und notwendige Unterstützung; das **Bauunternehmen Wiese** – nicht nur fürs Türen öffnen; **DÖRING Bauschuttaufbereitung & Abbruch** für allerhand Bauschutt; die **Regionale Schule mit Grundschule Recknitz-Trebeltal** für die vielen kreativen Fliesen der Schüler*innen; **Simone Karl** für das einzigartige Schaufenster; den **Strukturförderverein Trebeltal Stremlow** mit **Frau Schröder** für die immer wieder helfenden Hände und die gemeinsamen Baueinsätze im abbruchreifen Kaufhaus; **Torsten Flöttmann** für alles – und dafür, dass er uns in das Barockdorf Nehringen gelockt hat; den **Tourismusverein Vogelparkregion Recknitztal** für das tolle Netzwerk; die **Tranquillo Handelsgesellschaft** – vor allem an **Raoul Scheimeister** – für goldenes Flüssiges; **Uwe Bobsin** für den spannenden Austausch; **Wolfgang Stenzel** für sein unglaubliches Wissen über Tribsees; die **Student*innen des Studiengangs space&design strategies der Kunstuniversität Linz** für spannende Strategien und so manche fabelhaften Projekte; **Bipin Rao** und **Jonathan Holstein** für schönes Licht und Musik bis in die frühen Morgenstunden; **Floria Schulz** für die Veranstaltungstechnik; **Thomas Reich und seine Band** für klasse Konzerte; **Muzet Royal** für mindestens tausende Tangos; **Susanne Gabler** für ihre schönen gehäkelten Arbeiten; **Ute Gallmeister** für Kunst

unter Hochdruck; den **Alten Pfarrhof Elmenhorst** für köstliche Backwaren; **Anna-Lena Auth** für organisatorischen Support und ihre Barkompetenz; **Silke Peters** für Erica; **Weiqi Wang** für Zukunftsideen in Stein und Lehm; **Jey Roesner** für immer angenehme Unterstützung; **Gertraud Kliment** für ihr Engagement; **Herbert Winklehner** für die stahlstarke Tröte; die **Lighting Designer der Hochschule Wismar** für viele leuchtende Ideen; **Michael Kockot** für Film und Foto; den **Filmklub Güstrow** für die Wiederbelebung des Tribseeser Freilichtkinos; **Martha** und **Beate** von **morgen.** für ihr sehr überzeugendes Social Design; **Marco** und **Jan** von **Hirn und Wanst** für viele spannende Filmfragmente; **Florian Gwinner** für die Balkonszene; **Hermann Brinkmann (†)** und **Tanja Blankenburg** für ihren Mut, dieses Projekt anzugehen und die permanente Unterstützung; das **Ministerium für Inneres, Bau und Digitalisierung (MV)** für die großzügige Unterstützung; **Christian Pegel** für viele unerwartete, hilfreiche Besuche; **Bernhard Zieris** – dafür, dass er nicht verzweifelte, in all den vielen schrägen Momenten; **Steffi Timm** für ihr Vertrauen und ihre ständig energetisch gute Laune; **Lukas Schrader** für kulinarische Mitarbeit – Tag und Nacht; **Lutz Bornhöft** fürs Lutz-Sein und für die köstliche Bereicherung; **Nicole Wenzel** für den besten Käse Mecklenburg-Vorpommerns; den **Jugendclub** für seinen Höchsteinsatz für Tribsees' Zukunft; **Annette Schmid** für alles – und besonders an die gesamte **Gärtnerei Schmid** für den Einsatz; den **Arbeitslosentreff** mit **Frau Senft** für Kaffeekannen und Geschirr; den **Wasserwanderrastplatz** mit **Herrn Beyer** für Unterkunft, Dusche und Bratwurst; die **Trebel-Pötterie** mit **Hilde Zinke** für die Wiederverwertung der gemahlenen Backsteine; **Julia Kaiser** für den Stadt-Land-Keramik-Austausch; **Krautkopf** für die ästhetisch-kulinarische Gestaltung der Kirche; **Nina Janoschka** – dafür, dass du „Super-Nina" bist; den **Frauenverein** mit **Frau Quade**, **Frau Blodow** und **Frau Teetz** für die Fürsorge ... und die Bügelparty; **Jürgen Groth** für den beratenden Beistand; die **Kaffeeklappe** für die köstliche Bereicherung im Restaurant; die **Feuerwehrkapelle** mit **Herrn Krüger** für musikalische Wiederbelebung; **Blütenzauber Tribsees** für die Unterstützung beim Verkauf der Tribsees-to-Table-Tickets; das **Café Wunder Bar** (Bad Sülze) für die Unterstützung beim Verkauf der Tribsees-to-Table-Tickets; **Demokratie leben!** für die finanzielle Unterstützung; **Bernadette La Hengst** für die tolle Tribsees-Hymne; den **Kirchenchor** mit **Frau Schulze** für den schönen Gesang; die **Freiwillige Feuerwehr Tribsees** mit **Herrn Horn** und die **Jugendfeuerwehr** mit **Frau Wernicke** für viele leuchtende Einsätze; **Regio-Ring Richtenberger See** fürs Netzwerk öffnen und spannen; **Spiritus Rex** für hochprozentige regionale Köstlichkeiten; das **Café Tribsees** mit **Frau Biederhorn** und **Familie Mittag** für viele leckere Kuchen; den **Motorsportverein** mit **Frau Stoll** und **Herrn Voigt** für noch mehr leckere Kuchen; die **Kirchenjugend** mit **Frau Teske** für das Bauen der neuen Stadt (– gibst du mir Wasser, rühr ich den Lehm); **EDEKA Dumnick** für die Unterstützung beim Verkauf der Tribsees-to-Table-Tickets; **fritz-kulturgüter** fürs Durststillen der Gäste; das **Gutshaus Landsdorf** für die lokale kulinarische Expertise; **Arbeitskreis Asyl** mit **Herrn Kaufmann** für internationale Einbeziehung und Übersetzung; **GuGs Gebäude- und Grundstücksservice** mit **Herrn Bohla** für Arbeiten in großer Höhe; **Pastor Detlef Huckfeldt** für das Öffnen der Türen und die gesegnete Unterstützung; **Familie Kramer** für die zuverlässige Obhut vor Ort; **Herrn Levandowski** für viele (emotionale) Arbeitseinsätze; **Frau Meyer** aus Landsdorf für nachbarschaftlichen Einsatz; **Stadtchronist Siegfried Casper** für sehr, sehr viele Anekdoten; **Geschichtenerzähler Herr Lemke** für spannende Geschichten; **Nachbar Herr Niedorff** für das ein oder andere Bierchen auf deiner Bank; die **Gärtnerei Schnelles Grünzeug** für den Spaß am Experiment und das Teilen von Wissen; die **Rats-Apotheke Tribsees** für die Unterstützung beim Verkauf der Tribsees-to-Table-Tickets; die **Ratsherrn Brauerei** für die hopfige Unterstützung; die **Gärtnerei Weber** für die Begrünung des Steingartens; den **Pilzhof Wittenhagen** für pilzige Köstlichkeiten; **Landwirt Herr Rohlfing** für ein Strohballen-Theater; **Herrn Seget** vom **Bahnhof Tribsees** für Duschmarken und Backstage-Holz; **Lina Meier** für alles!; **Black Delight Kaffee** für köstliches schwarzes Gold; **Frau Kuhn** für die schöne Unterkunft; allen **Leeres-Haus-Besitzer*innen, Möchtegern-Hausbesitzer*innen, Erbengemeinschaften** und **Ungefragten** für das ermöglichen des Möglichkeitsdenkens!; **Herrn Hävernick** für die Nutzungserlaubnis der Karl-Marx-Straße 50; **Herrn Grave** für die Nutzungserlaubnis der Karl-Marx-Straße 48; **Christopher Dell** und **Theo Jörgensmann** für den improvisierten Jazz; **Sofie Wagner** für die schon wieder superstarke soziale Projektleitung; **Ton Matton** für die schon wieder spannende performative Stadtplanung

Umschlagbild: MattonOffice, Ton Matton, Sophie Kleppin
Lektorat: Theresa Hartherz, Franziska Schüffler
Gestaltung und Satz: MattonOffice, Ton Matton, Sophie Kleppin
Lithografie: Bild1Druck, Berlin
Gedruckt in der Europäischen Union

Bibliografische Information der Deutschen Nationalbibliothek:
Die Deutsche Nationalbibliothek verzeichnet diese Publikation in der Deutschen Nationalbibliografie; detaillierte bibliografische Daten sind im Internet über http://dnb.d-nb.de abrufbar.

jovis Verlag GmbH
Lützowstraße 33
10785 Berlin

www.jovis.de

jovis-Bücher sind weltweit im ausgewählten Buchhandel erhältlich. Informationen zu unserem internationalen Vertrieb erhalten Sie in Ihrer Buchhandlung oder unter www.jovis.de.

ISBN 978-3-86859-874-2